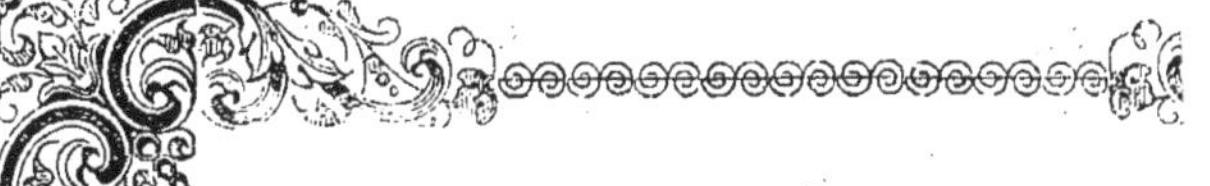

SUPPLÉMENT

AUX RECHERCHES

SUR

L'EMPLACEMENT DE NOVIODUNUM

ET DE

DIVERS AUTRES LIEUX DU SOISSONNAIS,

Par M. PEIGNÉ-DELACOURT,

Membre titulaire non résidant de la Société des Antiquaires de Picardie.

(Extrait du tome XVII des Mémoires de la Société des Antiquaires de Picardie.)

AMIENS,

IMPRIMERIE DE V.e HERMENT, PLACE PÉRIGORD, 3.

1859.

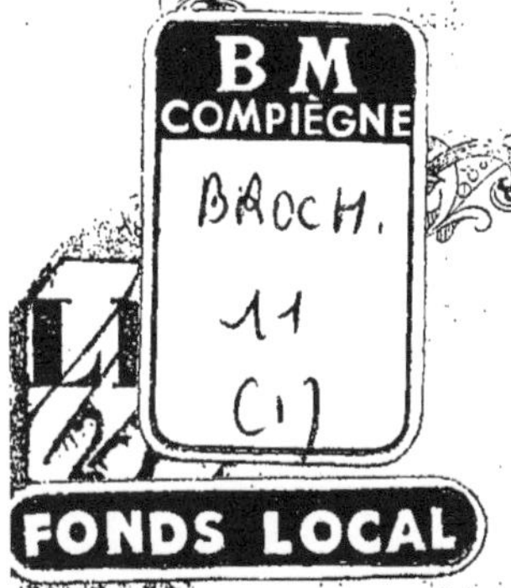

SUPPLÉMENT

AUX RECHERCHES

SUR

L'EMPLACEMENT DE NOVIODUNUM

ET DE

DIVERS AUTRES LIEUX DU SOISSONNAIS.

SUPPLÉMENT

AUX RECHERCHES

SUR

L'EMPLACEMENT DE NOVIODUNUM

ET DE

DIVERS AUTRES LIEUX DU SOISSONNAIS,

Par M. PEIGNÉ-DELACOURT,

Membre titulaire non résidant de la Société des Antiquaires de Picardie.

(**Extrait du tome XVII des Mémoires de la Société des Antiquaires de Picardie.**)

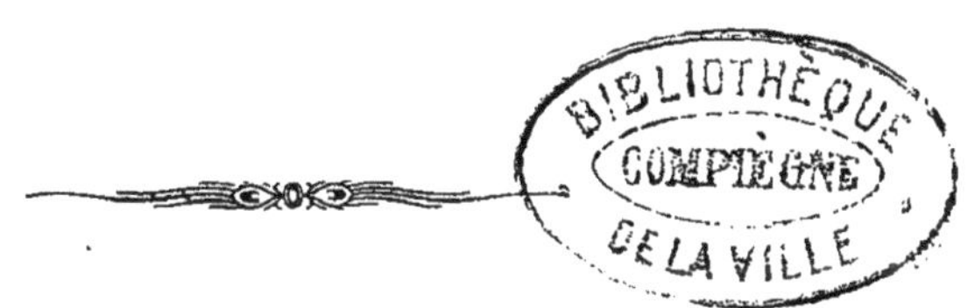

AMIENS,

IMPRIMERIE DE V.e HERMENT, PLACE PÉRIGORD, 3.

1859.

SUPPLÉMENT

AUX

RECHERCHES SUR L'EMPLACEMENT DE NOVIODUNUM

ET DE DIVERS AUTRES LIEUX DU SOISSONNAIS.

Tels soins que l'on prenne pour recueillir les faits qui intéressent un point d'histoire, d'archéologie ou de topographie vers lequel on a dirigé ses études, il arrive que, le travail à peine publié, des renseignements nouveaux surgissent de toutes parts, et l'auteur est trop heureux quand ces découvertes inattendues, loin de contredire ses premières assertions, viennent au contraire les fortifier et lui fournir ainsi la meilleure réponse aux critiques. C'est ce qui, par bonne fortune, m'est arrivé à l'égard des opinions que j'avais émises sur la géographie de la partie occidentale de l'ancien Soissonnais (1).

Je ne me suis senti ni blessé, ni convaincu, je l'avoue, par les objections, et même par certaines attaques un peu vives, je m'attendais à les subir, car je sais que les hommes défendent avec apreté les illustrations de leurs territoires. Maintenant, j'ai élargi le champ de mes

(1) T. XIV des Mémoires de la Société des Antiquaires de Picardie.

1.

recherches, précisément en cherchant à les consolider, et quelques points incontestés m'ont servi de stimulant pour continuer mon travail.

Je présente aujourd'hui un supplément, qui probablement ne sera pas le dernier, car, chemin faisant, je fais chaque jour la rencontre de nouveaux aperçus qui jusques-là m'avaient échappé. Enfin je terminerai par une réponse à quelques objections qui ont été faites aux opinions que j'ai déjà présentées sur la topographie du Soissonnais.

Une nouvelle preuve de l'occupation du Mont de Noyon à l'époque gauloise, m'a été fournie par la découverte faite, il y a peu de mois, vers le centre du plateau supérieur de l'oppide, de plusieurs débris de poterie grossière due évidemment à l'industrie la plus rudimentaire. Ils étaient enfouis à quelques centimètres seulement.

Parmi ces restes, on trouva un disque lenticulaire du diamètre de cinq centimètres, percé au centre, ayant l'apparence des grains de colliers grossiers qui appartiennent à l'époque celtique. Celui-ci, fait en terre mal cuite, de couleur grise et noirâtre par place, présentant une pâte grossière, fragmentée, a dû servir, ainsi que son volume l'indique, à l'ornement d'un cheval.

Le chemin en cavée qui conduit de Chevincourt au Mont de Noyon, et l'accoste vers l'Est, présente, près du village, des traces sensibles de constructions anciennes : sol jonché de débris de tuiles à rebords et de poteries, fragments de charbon, terrain inégal, etc. L'étendue de l'ancien enclos est actuellement marquée par une haie. Précédemment, j'avais trouvé sur la feuille du cadastre ce lieu porté sous le nom moderne de *Courtil Jacob;* j'ai appris depuis peu qu'il était désigné dans divers actes des XVIIe et XVIIIe siècles, sous le nom de *Courtil César*, qui donne par lui-même l'indication de son origine. M. de Crouy, de Compiègne, possède, depuis plusieurs années, diverses pièces romaines du IIIe siècle, trouvées sur ce lieu même, au milieu de débris de constructions.

Sur le flanc de la montagne de Chevincourt, et au revers du grand ravin qui circonscrit à l'Est le Mont de Noyon, existe un plateau évidemment nivelé par la main de l'homme. Ici abondent les débris de tuiles à rebords; j'y ai recueilli deux douilles de fer très-oxidé qui ont dû servir de garnitures de lances.

J'avais, dans mon mémoire déjà cité, donné divers détails sur l'étendue de ce chemin gaulois *ou de la Barbarie*, qui jusques-là n'avait pas fixé l'attention des archéologues. J'avais pu suivre dès l'abord sa direction de l'Ouest à l'Est et en reconnaître divers tronçons, soit sur la carte du dépôt de la guerre, soit sur les lieux de son parcours à travers la Somme, l'Oise, l'Aisne et la Marne. Aujourd'hui cette voie des plus anciennes m'apparaît se développant jusques vers la Germanie (1).

(1) Voir les cartes *Reims* et *Verdun*. Elles présentent divers tronçons de cette route séparés par des intersections. Evidemment la cessation de l'usage de cet ancien chemin a permis aux possesseurs des terres voisines d'en accaparer en grande partie plusieurs sections.

L'un des derniers numéros de la *Revue européenne* contient un récit éloquent de la première campagne de J. César contre les Belges, par M. de Saulcy, qui place, comme je l'avais fait dans mon Mémoire sur l'emplacement de *Noviodunum Suessionum*, le lieu du passage de l'Aisne par les Romains à Pont-Arcis, et l'oppide au *Mont de Noyon*. Le savant

Ce vieux chemin m'a fourni la matière de nouvelles observations. Ainsi, j'ai pu constater que près de l'Oise, à l'ouest de Bétancourt, hameau voisin de Ribécourt, la route, à partir du hameau, jusques au point où elle touche au versant de la colline sur laquelle était établie la voie gauloise qui conduit à Noviodunum, a été visiblement réparée et mise en chaussée à l'époque romaine. J'avais indiqué ce point d'intersection dans mes recherches précédentes. Depuis lors j'ai appris que la partie romanisée, qu'on me permette ce mot, se nommait *le Perré* (*via petrosa*). Je ne saurais trop engager les personnes qui désirent juger d'un coup d'œil la différence qui existe entre ces deux espèces de routes, à aller visiter ce passage : le contraste est frappant.

J'ai pu, l'an dernier, parcourir ce même chemin avec mon collègue et ami M. l'abbé Pécheur, depuis Pont-Arcis jusqu'à Jonchery, en passant par Glennes et Romains, où la voie existe, mais où elle a perdu son ancien nom. Depuis Rilly, jusqu'au-delà de la route actuelle de Reims à Châlons-sur-Marne, nous avons trouvé le long de ce trajet des débris d'habitations de l'époque romaine, tuiles, monnaies, etc.

Après une courte interruption de la voie aux abords

Académicien annonce sur *le chemin de la Barbarie*, que j'ai signalé le premier, ainsi qu'il le reconnaît, un travail qu'il doit publier incessamment. J'aurai grand plaisir à y trouver des détails sur la partie de ce chemin située au delà de la Champagne, et se prolongeant vers l'est jusque dans la Germanie. L'éloignement des lieux ne m'a point permis d'étudier cette partie de la voie Gauloise préexistant par conséquent à l'époque de l'invasion romaine.

de la grande route de Reims à Châlons, on peut, à l'aide de la carte, dans l'ancienne route romaine qui porte le nom de *Vieux Perré*, et avoisine le camp dit de Châlons, nouvellement établi aux Mourmelons, reconnaître le tracé *du chemin de la Barbarie* dans la direction de l'ancien *Virodunum* (Verdun). Tout paraît indiquer que c'était là une grande artère, principale voie de communication entre les peuples de la Germanie, les Gaulois et la Grande-Bretagne avant l'occupation romaine. De nouvelles recherches dans cette direction seraient certainement fructueuses. On pourrait retrouver les points où le chemin primitif redressé, remanié par les Romains, aura laissé certaines parties sans emploi (1).

Bibrax.

Avant de continuer mes observations sur divers points qui se rattachent *au chemin de la Barbarie,* je crois devoir placer ici deux chapitres incidents, sur *Bibrax* et sur *Bratuspantium*, qui tous deux se rapportent à la première époque de l'invasion des Romains dans la Gaule.

Je ne me hasarderais pas à revenir sur la question si controversée de l'emplacement de cet oppide célèbre des

(1) Il y a peu de jours, j'apprenais que, près de Lassigny, la route si difficile à pratiquer à cause de la couche d'argile qui existe à la superficie, porte, de temps immémorial, le nom de *lourde voie*. N'est-ce pas la confirmation de l'étymologie de *Lacena via* (*iter impeditum*), qui donnait son nom à *Laceni*, sous lequel on désignait ce lieu au XVIe siècle. Une autre explication pourrait être donnée, celle qui donnerait le nom de *l'Orde Voie*, comme l'indication de l'état boueux habituel de ce chemin.

Rêmes, si je n'avais été frappé, lors d'une visite que j'ai faite récemment à Bièvres près Bruyères-sous-Laon, de la conformité du promontoire qui domine le village actuel, avec les points *du Mont de Noyon, du camp d'Epagny et d'Offémont*, qui présentent les caractères de la position des oppides Gaulois. Partout, une vallée profonde ou un ravin circonscrit l'enceinte et la défend contre les attaques du dehors. La gorge de cette presqu'île et le plateau supérieur sont à Bièvres, comme dans les autres localités, disposés de façon à pouvoir être facilement défendus. L'espace enclos est suffisant pour contenir les soldats chargés de la défense, et au besoin pour attaquer les assaillants. On doit y joindre la conformité de nom, car on sait combien les mutations du B en V sont fréquentes, et que d'autre part la question de la distance des 8,000 pas indiquée par J. César, entre l'Aisne et Bibrax, s'approche de l'espace compris entre ce dernier point et *Pont-Arcis*. Je regarderais comme une petite faiblesse et une crainte exagérée de la controverse, de passer sous le silence ce que j'avais à exprimer à cet égard en faveur de Bièvres, comme emplacement de Bibrax.

Bratuspantium.

Dans mon premier mémoire sur *Novioduuum*, je disais que Bratuspantium « boulevard principal des Bellovaques » dont on avait placé le siége soit à Beauvais soit à Gra- » tepanse, vers Amiens, était reconnu généralement pour » avoir eu son emplacement à Vendeuil-Caply, près de » Breteuil (Oise). » J'adoptais l'avis de tous les auteurs modernes, et, entre autres, de M. Graves (1), qui, habitant la contrée, avait dû étudier spécialement cette question. Tous avaient rejeté Gratepanse, situé en plein pays Amiénois, disent-ils, et par conséquent hors du territoire des Bellovaques. En ceci, je me trompais à la suite et sur la foi de ces autorités recommandables.

Il appartenait à un studieux ami de son pays natal, M. V. de Beauvillé qui a étudié à fond cette question, de la ramener dans la ligne de la vérité. Il vient de prouver (2) que, par une étrange confusion, une note de Perrot d'Ablancourt, jointe à sa traduction des Commentaires de César (in-12, **1670**), s'appliquant à *Gratepanse-lès-Ferrières*, situé sur le territoire des Bellovaques, à huit kilomètres de Montdidier (3), avait été mal interprétée par le géographe Sanson d'Abbeville, qui dans une édition suivante s'exprime ainsi au sujet de Bratuspantium :

« Ce nom a receu diverses explications par divers Au-
» theurs. Suivant nostre méthode, il doit et ne peut estre
» estimé que pour Beauvais, ville capitale des Beauvai-
» sins, qui s'est apellée du depuis *Cæsaromagus*, et
» enfin *Bellovaci* : le premier et le plus ancien nom
» estant un nom Latin, tiré et façonné sur l'ancien nom
» Celtique ; le second un nom donné à l'honneur du nom
» de César ; et le dernier un nom commun et au Peuple,

(1) Annuaire de l'Oise du canton de Breteuil, et notice archéologique sur le département.

(2) Histoire de Montdidier, tom, Ier, p. 26.

(3) « Pour moy, dit-il, je croirois plutost que Bratuspantium est Grat-
» tepance, que Beauvais, à cause de la conformité du nom : outre qu'on
» me dit qu'il s'y trouve encore des antiquités, quoyque le lieu soit
» ruiné ; et c'est l'avis du sieur du Buisson. »

» et à la ville capitale du Peuple. Ce qui s'est observé en
» beaucoup d'autres Villes capitales des peuples dans la
» Gaule Chevelue, comme nous avons fait voir en l'expli-
» cation de nostre grande Carte de l'ancienne Gaule.

» Quant à Grattepanche, que quelques-uns veulent
» faire respondre à *Bratuspantium*, cela ne se peut.
» Grattepanche n'est encore, et n'a jamais esté qu'un
» chétif village, à trois lieues d'Amiens, et bien avant
» dans le Diocèse d'Amiens, et par conséquent *in Ambianis*,
» et bien esloigné d'être *in Bellovacis*, là où l'assiette de
» *Bratuspantium* doit estre suivant César ; et suivant les
» bonnes maximes, la capitale des P. Beauvaisins, et non
» une des moindres de leur Estat. »

En écrivant cette note, Sanson commettait une erreur évidente. M. de Beauvillé le prouve. Il s'est enquis de ce qu'était le sieur du Buisson, cité par Perrot d'Ablancourt. Il a reconnu que ce fut un ingénieur qui, vers la fin du XVIIe siècle, fit une étude de projet de jonction par canalisation de la Somme à Amiens et de l'Oise à Compiègne. Or le tracé touchait à Gratepanse-lès-Ferrières. Il eut donc là une occasion d'examiner cette localité et de visiter en détail non-seulement les restes encore subsistants, mais aussi le relief du terrain.

J'ai visité soigneusement avec M. V. de Beauvillé la position de ce Gratepanse. Cette localité, qui dépend de Ferrières, présente deux promontoires dont la croupe est tournée à l'est. Ils sont séparés par un ravin dans lequel coulait encore, il y a peu d'années, une fontaine aujourd'hui tarie. Deux autres vallons flanquent, au sud et au nord, ces deux mamelons, et les isolent des territoires voisins.

L'enceinte située au nord, celle qui est la plus rapprochée de Ferrières, porte le nom de la *Vieille-Ville.* On y a trouvé, à diverses époques, des monnaies romaines. Plus tard il y eut là un village, qui a complètement disparu. On voit épars çà et là les traces d'anciens murs et de matériaux de construction. L'enceinte située au Sud, était couverte d'un bois détruit il y a peu d'années.

Un chemin sinueux venant de l'est et par conséquent de la ligne du Mont-de-Noyon et de l'Oise, puis en se rapprochant, passant à Ressons et Mery, arrive près de Gratepanse. Là, toute trace de route disparaît; mais si on consulte la feuille cadastrale, le point où elle s'arrête porte le nom significatif de *Chemin perdu.*

Chacun des promontoires de Gratepanse occupe un espace de 3 à 400 pas en travers et de 500 pas environ de la croupe à la base, ou à l'ouest. La culture a adouci les pentes du fossé naturel de circonvallation qui a dû aux temps anciens, former un boulevard, et venir en aide à l'effet de ces murs de terre alternant avec des madriers de consolidation comme les construisaient les Gaulois, et tels qu'on les trouve décrits dans les Commentaires de César. Sans doute on retrouverait dans la direction soit d'Amiens, soit de Vendeuil, la trace de cet ancien chemin maintenant interrompu.

La feuille du cadastre de Ferrières, accuse dans les parages de Gratepanse divers noms de *lieux dits* qui pourraient fournir matière à des recherches et à des commentaires intéressants : tels sont *la Grosse-Borne, le Verdun, le Chemin-Vert, la Cateplotte*, et le lieu dit *au*

Quoire. Cette dernière dénomination se retrouve à Alaise, suivant la remarque de M. J. Quicherat.

Si on considère que ce Gratepanse se trouvait situé précisément sur le trajet de J. César, qui alors avisait à subjuguer les Ambiens, après avoir conquis l'oppide des Bellovaques (1), on trouve, dans la réunion de tous ces indices, un témoignage péremptoire en faveur de ce lieu, comme ayant succédé au Bratuspantium Gaulois.

Camp d'Auguste, à Tracy-au-Mont.

Jusqu'à présent l'attention n'avait pas été éveillée sur les traces encore visibles d'un établissement romain en ce lieu, parfaitement convenable pour surveiller la partie occidentale du pays des Suessions, la vallée de l'Oise et le passage de la route dont j'ai déterminé le trajet par un point autre que Noyon (*Noviomagus*). On savait seulement qu'on traversait l'Oise (*Isara*), ainsi que l'indique parfaitement la partie de la table de Peutinger, qui donne le trajet d'*Augusta Suessionum* à *Samarobriva*.

J'ai, dans le mémoire déjà cité, indiqué le lieu du passage de la route à Saint-Léger. Depuis lors j'ai, pendant l'été de l'année 1858, grâce aux basses eaux, pu reconnaître avec M. Gossart de Ribécourt, qui en aperçut le premier les traces, les restes d'un pont construit anciennement sur l'Oise, près du bois de la Malemer.

(1) D. C. Obsides proponit. Hic traditis omnibusque armis ex oppido collatis ab eo loco *in fines Ambianorum pervenit*, qui se suaque omnia sine morâ tradiderunt.

Un empierrement s'avançait obliquement de gauche à droite par le travers de la rivière, dans la direction de Saint-Léger à Bétancourt. Il était maintenu et consolidé par un pilotis. Dans le massif, sans doute, un tablier en bois, appuyé sur des longuerines, servait pour le passage. Nous avons trouvé plusieurs tuiles romaines mêlées aux roches composant l'empierrement.

La position de *Traciacum* m'avait déjà préoccupé, je l'avais signalée comme me paraissant être le lieu de la victoire de *Truciacum* remportée par la reine Frédégonde sur l'armée des Austrasiens. Je persiste dans mon opinion.

En recherchant aux abords du parc d'Offémont, qui touche à Tracy, les traces de constructions anciennes, divers débris de tuiles à rebords, placées çà et là sur le chaperon du mur d'enceinte, fixèrent mon attention. Le lieu où je me trouvais forme un hameau ou plutôt un quartier de Tracy-le-Mont, et porte le nom de *Quesnouet;* tous deux sont, dans une partie de leur étendue, circonscrits par un ravin qui les sépare du *Mont-de-Cosne.* Le Quesnouet qu'on aurait pu rapporter à un lieu planté de chênes, une chesnaie, n'est autre que la modification du nom du Camp d'Ouët, ainsi que me l'ont démontré plusieurs actes du XVIIe siècle conservés dans les archives existant au château d'Offémont, et parmi les minutes déposées en l'étude du notaire de Tracy-le-Mont. Il est impossible de ne pas reconnaître dans le mot Ouët l'altération du nom d'Auguste analogue à celle d'août. Quant à la traduction latine, *Campus,* pour camp militaire, on la trouve dans Grégoire de Tours (*Aetius, spoliato campo, victor, cum grandi est reversus spolio*). Avant cet auteur, Virgile avait dit : *Campo credere aciem.*

Dans chaque maison de Tracy, pour ainsi dire, j'ai recueilli des pièces de monnaie romaine en bronze et en argent, depuis Auguste jusqu'à Gordien. Dans le même temps, on défrichait une petite portion du parc; on découvrit un vase renfermant un grand nombre de pièces moyen bronze, des IVe et Ve siècles. M. le baron d'Offémont les possède, ainsi qu'un grand nombre de tuiles à rebords, des objets en bronze et plusieurs meules à bras en granit transportées là de lieux éloignés, car la Picardie, comme on le sait, ne présente aucune roche de cet ordre. Sans doute il ne suffit pas du nom de ce camp et de la rencontre de quelques pièces à l'effigie d'Auguste pour fixer l'époque de sa formation au premier siècle de la conquête; mais si l'on vient à rapprocher les diverses circonstances que j'ai rapportées, ne se sent-on pas disposé à faire remonter l'établissement de ce camp au temps des premiers empereurs ?

Le nom de *Traciacum* a pu fort bien être lu *Truciacum*, en raison de la ressemblance, à l'époque mérovingienne, des lettres *A* et *U* (Voir la planche qui se rapporte au chapitre sur *Autrei villa*).

Un autre poste militaire, désigné maintenant sur les feuilles du cadastre sous le nom de *Champ Havet*, indique l'existence d'un camp gallo-romain entre Nampcel et la route solennelle conduisant *de Vicus ad Axonam à Noviomagus*. Ce camp s'étendait jusqu'aux environs de la ferme actuelle *du Tillolet*. A ce point, il était en communication avec une chaussée saillante, parfaitement conservée, qui aboutit au *Pont-Auger* (*pons Augusti*), dans la direction de l'Aisne et par conséquent de Soissons.

M. Flobert du Tillolet recueille avec le plus grand soin les objets d'art et d'industrie romaine que la charrue y met à jour. Souvent on atteint des fondations de murailles anciennes. Actuellement il fait rechercher, et j'espère qu'il y réussira, une borne qui fut enfouie, il y a un demi-siècle, dans un champ voisin de cette route. Suivant la tradition, elle portait une inscription.

Je n'entends aucunement rattacher la formation de ce poste à l'époque où J. César réunissait à *Nemetocenna*, (ou Nampcel), un corps de troupes destinées à surveiller le *Belgium*. Le *champ Havet* me semble avoir servi seulement à l'hébergement des troupes romaines à leur passage sur la grande voie de Rome à *Gessoriacum-Portus*, près de la ville actuelle de Boulogne-sur-Mer.

Le Mont de Choisy. — La Forêt Cotia. — Caisne ou Casnum. — Hesdin.

Je réunis ces différents sujets dans un seul chapitre, parce qu'ils apparaissent tour à tour dans les faits historiques, et dans les observations que je dois présenter.

« Caisne, dit M. Graves (1) dans la Statistique du » canton de Noyon, est situé sur sa limite Sud, entre » Cuts au nord-est, Pontoise, au nord-ouest, Carlepont, » du canton de Ribécourt, au sud-ouest, Nampcel, du » canton d'Attichy, au sud-est. Il forme un assez grand

(1) Annuaire de l'Oise, 1851.

» territoire prolongé entre les cantons d'Attichy et de » Ribécourt, constituant un plateau borné à l'est et au » sud par des collines boisées.

» *Le Paradis*, ancien hameau, est réuni au corps du » village par des constructions intermédiaires; l'église » en est voisine.

» La partie basse du village touche à un marécage, » elle porte le nom *d'Enfer*. »

Le mont de Choisy qui, vu de la vallée, se présente de façon à justifier son nom, n'est en réalité que l'extrémité de la plaine haute du Soissonnais. Il forme ici un promontoire s'avançant dans la direction du nord.

M. Graves donne les diverses dénominations de Caisne, telles qu'il les a trouvées en compulsant les titres et les chartes, savoir: *Caisne*, *Quaisnes (Catena)*, *Kaisnes*. Malheureusement il n'indique pas les sources qui lui ont fourni ces appellations. Ainsi le nom de *Catena* qu'il a porté dans sa nomenclature, me paraît être une traduction moderne des scribes des XIVe ou XV siècles, analogue au nom de *Centum nuces* qu'on trouve donné au village de Sannois en Parisis. Il eût été bien de connaître sur quelles indications ce nom de *Catena* trouvait ici sa place, et à quelle époque remontait cette désignation. D'un autre côté, M. Graves a omis de porter le nom de *Quaigne*, qui était inscrit sur une pierre plate, tombale, placée dans le cloître de l'abbaye d'Ourscamp.

« *Ci gist: Jehans: de: Biauves: sires de Quaigne:* » *pries: pour: s'ame: Diex: bonne: merchi: li face* † »

(1) Archives impériales, LL, carton 104.

Je reproduis cette inscription d'après la collection de Gaignières, à la bibliothèque Bodléienne d'Oxford.

Dans un relevé des actes de la prioré de Choysi (vers l'an 1500) (1), on lit ce qui suit : « Un fief assis en la » ville et terroir de *Quesne*, auquel il appartient tous les » grains qui viennent à la grange dimeresse. » Ce mode d'orthographier le nom de Caisne a son importance, comme on le verra plus loin.

Je dois maintenant aborder quelques questions historiques qui se rapportent à cette localité.

Casnus ou *Casnum* figure : 1° dans un capitulaire de Charles-le-Chauve relatif à *Navense monasterium*, maintenant St.-Sulpice de Bourges. Cet acte est ainsi terminé : *Datum ad illum Casnum, anno* XVI, *regante Carolo gloriosissimo rege.* 2° Un autre diplome du même souverain concernant diverses concessions faites à l'église de St.-Corneille de Compiègne, comprend la dîme de Caisnes sous le nom de *Casini.* 3° Les Annales de St.-Bertin rapportent qu'après la mort de Charles-le-Chauve, en l'an 877, les grands du royaume de France et les abbés se réunirent *ad Casnum in Cotiâ*, où le prince envoya des délégués. On sait que cette tentative de résistance ou de conspiration échoua, la reine Richilde étant venue spontanément à Compiègne pour offrir à Louis-le-Bègue les ornements royaux et lui annoncer que Charles-le-Chauve, son père, l'avait désigné comme son successeur (1).

(1) Ce nouveau roi, bien que la formule de son élection porte seulement qu'il fut *misericordia dei, et electione populi rex constitutus*, avait des tuteurs puissants à la tête desquels se place le célèbre archevêque de Reims, Hincmar ; il ne sut pas conserver, comme on le sait,

On avait cherché longtemps quel était ce *Casnum*, lorsque les savants bénédictins D. Mabillon et D. Michel Germain, et le célèbre Adrien de Valois s'accordèrent à trouver le siége de l'assemblée dans un lieu nommé le *Chêne Herbelot*, voisin de Pierrefonds.

» *Quis sit locus ille, ad illum Casnum*, trouve-t-on dans les Annales bénédictines (1), *intelligimus ex anna-*
» *libus Bertinianis, ubi Franciæ proceres post mortem*
» *Caroli Calvi conventum ad Casnum in Cotiâ condixisse*
» *memorantur. In Cotiâ silvâ prope Compendium locus*
» *est à quercu sic dictus, vulgo Casnus Herbeloti.* »

Comme les questions concernant les emplacements des localités désignées dans les titres anciens ou rapportées par les annalistes n'offrent qu'un intérêt secondaire, il est naturel que les historiens, qui ne peuvent vérifier les détails, adoptent les opinions émises par les hommes éminents qui ont traité de ces points. En conséquence, on admit généralement *le chêne Herbelot* comme l'ancien *Casnum*, sans examiner si ce nom n'aurait pas mieux convenu à quelque autre lieu de la contrée.

L'abbé Carlier, qui écrivait en 1764 l'histoire du Valois, se rangea lui-même à l'avis des illustres auteurs

l'autorité déjà affaiblie de la royauté. Son règne fut de courte durée. Les Annales de St.-Bertin (en 881) rapportent qu'il fit construire *un château en bois* (*castellum de materiâ ligneâ*) qui servit plutôt à fortifier les payens qu'à défendre les chrétiens, car il ne trouva même pas à qui en confier la garde. Ainsi que M. Michelet l'a fait remarquer, ce jour terrible fait mesurer jusqu'où la France était descendue.

(1) T. III, page 48.

que j'ai cités. Je transcris le passage de son livre car il renferme quelques détails nécessaires *à* connaître (1).

« Le palais *du Chesne*, *Palatium Casnum*, est une an-
» cienne maison royale, dont les Savans ont ignoré la
» position pendant plusieurs siècles. La découverte de
» cette position est due aux recherches de D. Michel
» Germain. Ce savant a retrouvé les traces du *Palatium*
» *Casnum* entre le Chesne Herbelot et Béronne, dans
» des ruines qui n'existent plus. »

Après le récit que je viens de faire connaître de l'assemblée qui eut lieu à *Casnum in Cotiâ,* l'auteur continue :

« Ce palais doit être mis au nombre des maisons
» royales du second ordre. Il avait un châtelain pour
» gouverneur. La tige des premiers seigneurs de Pierre-
» fonds a commencé par un châtelain *du Chesne*. Le pa-
» lais du Chesne ayant été détruit, ou par les Normands,
» ou par les factions des seigneurs voisins, les châtelains
» qui avaient perdu leur hôtel et leur fief, cherchèrent
» un lieu propre à être fortifié, pour y bâtir ce qu'on
» nommoit *une ferté*. Ils choisirent le sommet de la
» montagne de Pierrefonds... et partagèrent avec les
» seigneurs de Béronne la plupart des biens qui avoient
» appartenus au domaine de la maison royale *du Chesne*.

» *Le chesne Herbelot* est un arbre remarquable par
» sa grosseur. Il est situé dans une plaine, sur la gauche
» du chemin qui conduit de Chelles à Crepy, à un quart
» de lieue de Chelles et de Reteuil. Ce chêne est figuré
» sur toutes les cartes détaillées de l'Isle de France. »

(1) T. I. page 190.

On aurait pu, suivant moi, répondre à l'abbé Carlier :

1° Suffit-il d'un pan de muraille qui put sans doute exister autrefois, mais dont on ne voyait, il faut le dire, nulle trace au XVIII° siècle, et dont Adrien de Valois et D. Germain ne parlent pas, pour y reconnaître les traces d'un palais Carlovingien ? Ne sait-on pas d'ailleurs qu'il ne reste presque nuls vestiges des maisons princières qui furent bâties sous les deux premières races de nos rois. Les débris de constructions, dont je veux admettre l'existence ancienne, devaient sans doute présenter le caractère des travaux des Gallo-Romains ; ce n'était pas, à coup sûr, le reste d'un château de l'époque, car les titres, les chartes, les récits historiques, les annales locales en feraient mention, et de plus, sous les deux premières races, l'usage d'employer le bois pour les monuments, églises, châteaux, maisons du fisc, ou palais, était pour ainsi dire seul usité. Ce mode s'accordait avec l'état social et politique du pays. Aussi, lorsque vinrent les Normands, eurent-ils toute facilité pour détruire de fond en comble ces édifices composés de matériaux combustibles. Donc, ces restes de maçonnerie n'appartiennent pas aux Mérovingiens, ni aux Carlovingiens. Si vers la fin de cette dernière période la pierre fut employée, ce fut dans un petit nombre de châteaux dont l'histoire a conservé les noms, précisément à cause de leur rareté et de leur importance relatives. Celui-ci n'est pas cité.

J'ai fait pratiquer des fouilles aux lieux où fut le château de Quierzy, j'ai visité l'emplacement des maisons royales de Morienval, Verberie (le palais des Ajeux), les résidences de Maumaques, Bretigny, Pimprez, Choisy-au-Bac. Sur tous ces points on ne trouve presque rien, si ce n'est du charbon ou quelques blocs de grés et des morceaux de tuiles plates, on n'aperçoit nulle part aucune trace de restes d'architecture appartenant à la période qui s'étend du VIe au XIe siècle, or, c'est au IXe que se rapporte le règne de Charles-le-Chauve, et par conséquent l'assemblée à *Casnum.*

2° Carlier n'indique point à quelle source authentique il a puisé les détails qu'il a donnés en ce qui concerne le transport du château du chêne Herbelot à la *ferté* située sur la montagne de Pierrefonds, car il faut remarquer qu'il entend par cette dénomination, non pas le point où existent les belles ruines du château actuel, mais l'emplacement connu et actuellement en culture de l'ancienne forteresse *firmitas*, située au Sud, et établie sur le plateau supérieur du Soissonnais.

Je n'ai trouvé nulle part la trace de ce partage indiqué par Carlier, comme ayant été fait entre les châtelains du Chesne et les seigneurs de Béronne, ni la preuve de la destruction du *Palatium Casnum*, ou par les Normands, ou par les factions des seigneurs voisins. Ce que dit l'historien du Valois se réduit donc à une allégation, qui n'a pas, on en conviendra, la valeur des faits rapportés par les annalistes contemporains ou les historiens anciens.

3° Les mots *in Cotia* ajoutés à celui de *Casnum* ont servi de base, tant aux Bénédictins qu'à Adrien de Valois pour rejeter cette maison du fisc ou royale au-delà de l'Aisne. Ces auteurs ont regardé le nom de la forêt de Cuise ou de Compiègne, comme ayant remplacé celui de *Cotia silva.* C'est précisément sur ce point que je demande à produire une opinion qui consiste à considérer cette dernière forêt comme formant un massif étendu depuis l'Ardenne jusqu'aux confins du Parisis, ayant lui-même, par suite de morcellements et de défrichements intermédiaires, fourni l'origine d'un grand nombre de forêts partielles qui prirent des noms différents. Je vais exposer mes motifs.

Lorsque J. César conquit le Nord de la Gaule ou les provinces Belgiques, il se trouva en présence de la forêt de l'Ardenne qui touchait vers l'Est aux Vosges et par là s'étendait aux forêts de la Germanie et jusqu'à Trèves, et vers l'Ouest couvrait le pays des Attrebates, des Eburons et des Morins. Cette disposition du terrain eut une influence marquée sur ses combinaisons stratégiques. Il en parle à plusieurs reprises, il en est préoccupé, et cela devrait être, car, dans la profondeur de la forêt, se réunissaient les habitants insoumis et armés. Le général romain était gêné par cet immense refuge d'où ses ennemis pouvaient, au moment opportun, se ruer sur ses cohortes. Il lui fallut donc recourir à la science militaire pour surmonter ces obstacles à la domination du pays. La nature de la terre, la disposition du terrain en côteaux présentant des inclinaisons impropres à la culture ont, jusqu'à nos jours, maintenu la région des Ardennes à l'état boisé, et donnent raison de sa valeur au point de vue militaire, en tous les temps.

Le silence de J. César à l'égard de la grande forêt *Cotia* me paraît dû à cette circonstance, à savoir que : dès avant la conquête par les Romains, son importance, au point de vue stratégique, était nulle, pour ainsi dire, par suite de l'introduction de la culture qui s'était étendue promptement sur ces terrains d'alluvion très-productifs et où le climat était plus doux. C'est ce que l'on trouve indiqué dès le commencement des Commentaires (1).

Cependant il y avait encore là beaucoup de bois, car les Romains donnèrent à la partie méridionale de ce vaste espace le nom de *Silva*, et aux habitants de cette contrée celui de *Silvanectenses*, et un grand nombre de localités ont retenu cette base qu'on retrouve sous les noms de *Serval*, *Servais*, *Selve*, venus évidemment du latin.

Le mot celtique *Coet* ou *Coed* dérivé du sanscrit Kâs-la, bois, forêt, d'où vient celui de Kasnaïd, en Islandais, la forêt, n'apparaît-il pas dans Choisy, Coucy, etc., lieux situés au-delà de l'Aisne et par conséquent hors des limites actuellement assignées à la forêt de Cuise. Il y a plus, on trouve dans les actes de St.-Drausin que le lieu où ce saint prélat fonda son monastère de Rethondes, était situé dans la forêt de Cuise. Or ce lieu fait partie des territoires placés sur la rive droite de l'Aisne.

L'abbé Lebœuf, dans le t. v de son *Histoire du diocèse de Paris*, fait remarquer que *Coye* portait autrefois le nom de *Coyse* et cite une charte concernant saint Christophe en Hallate où les bois de ces cantons portent le nom de Cuise.

Carlier déduit de *Cotia* le nom de *Coterets* et non de *Col de Rets* qui est bien postérieur. Le savant Secousse, dans une note, fait remarquer, ajoute Carlier, qu'en

(1) Suessionenses..... feracissimos..... agros possidere. Lib, II. c. 4.

1348, une partie de la forêt de Hallate avait le nom de *Cuise.* Quant à moi, je l'avoue, je me sens bien plus disposé à trouver dans *Cuiseay* (le gui) l'origine de la forêt de Cuise, démembrement de la *Cotia*, qu'à admettre l'opinion d'Adrien de Valois qui attribue ce nom aux rochers (*cautes*) parsemés, dit-il, dans les bois de Compiègne, lorsque je connais, *de visu*, combien cette étymologie s'applique mal aux terrains sableux de cette forêt absolument dépourvue de roches et peu accidentée. J'écarte également la dérivation de *Cotia* du mot *cultura*, bois défriché, admise par l'auteur J. Carton.

Dés l'époque mérovingienne et bien plus encore sous l'époque carolingienne, les lambeaux de la grande forêt eurent leur désignation particulière ; leur nomenclature serait considérable. On en reconnaît les diverses origines : plusieurs portent les noms des domaines du fisc, désignés par les chroniques comme existant entre l'Aisne et l'Oise. Chacun était suffisant pour que les rois trouvassent toute facilité pour s'y livrer aux plaisirs de la chasse.

M. Alf. Maury a multiplié les exemples de noms de forêts donnés sans autre désignation, aux contrées, aux bois et aux villes (1). Le savant académicien fait dériver l'Ardenne de *Ar*, qui est l'article, et *dan*, *dean*, forêt. L'étymologie en est interprêtée différemment, il faut le dire, par M. H. Cocheris. Dans une feuille programme d'un dictionnaire de géographie ancienne dont il s'occupe, il fait dériver *duena* de *dû*, noir, attribué à la couleur du

(1) Les forêts de la France dans l'antiquité et au moyen-âge.

terrain schisteux qui domine dans cette contrée et oppose ingénieusement le nom de la forêt d'*Argonne* qui couvre le terrain de la craie, et serait tiré du mot *gwen*, blanc.

Au XIe siècle, une forêt qui couvrait la Sologne portait le nom de *Cosduna-Sylva* (1). Une autre, près de Micy, était également désignée sous le nom de la *forêt*, sans aucune addition. Une forêt est-elle basse, humide, on la nomme *Esga*, du nom de l'eau, autrement dite aigue. Telle est la forêt de Laigue. On sait que nous avons conservé le mot *Aiguière*. Une autre est-elle montueuse, c'est le *Vosegum*, la forêt de Voas, près de Coucy, qui rappelle les bois et les montagnes des Vosges, *Vosagia*, sylvæ, montes.

L'obstacle des mots *in Cotiâ* écarté, en ce qui regarde le nom *Casnum*, ce lieu ne s'adapte-il pas à Caisne, bien mieux que le chêne Herbelot, pour y placer l'assemblée publique au IXe siècle. Caisne est situé entre Quierzy et Compiègne, et l'on sait que Charles-le-Chauve se rendait fréquemment de l'une à l'autre de ces deux résidences.

On a vu précédemment que le *Mont de Choisy* dominait, à l'est et au sud, le village actuel de Caisne.

Ce cap était si bien placé pour la défense et pour la surveillance de la contrée voisine qu'il dut servir tour à tour aux Gaulois et aux Romains.

En ce qui concerne le peuple gaulois, et les traces qu'on pourrait trouver de son séjour en ce lieu, le bois qui couvre la plus grande partie du mont ne permet pas

(1) L'étymologie de *Cos* peut, il est vrai, se rapporter également au mot *Cous*, vieux, encore usité dans le dialecte breton.

de faire des investigations qui seraient probablement fructueuses, mais le nom du hameau de *Hesdin*, qui confine ce vaste tertre, fixa mon attention.

Hesdin me paraît formé de deux mots celtiques, *Hesi-dunum* (le mont d'Hesus). Hesus était chez les Gaulois un reflet du vrai Dieu (1). L'abbé Lebeuf le regarde comme l'analogue du dieu Mars. Hesus serait donc le dieu fort, le dieu des armées, ce qui a fait confondre ces deux divinités par les Romains. D. Grenier (2) considère le nom de plusieurs localités de Picardie où se trouvent *As*, *Ois* ou *Ais*, comme provenant d'autels érigés en l'honneur de ce dieu Hesus ou Esus. On le trouve dans le nom d'Oisemont-en-Vimeux et à la butte d'Oisemont, près de la rivière du Mut; dans Hescamp (Somme), Hesdigneul (Pas-de-Calais). Acy, Aizy, etc., ont la même origine.

Un lieu dit *Hesdin* se rencontre également près de Noyon, au versant sud du mont Saint-Siméon. Jusqu'à présent, je n'ai pu connaître, malgré mes recherches, quel nom portait cette montagne avant le christianisme, qui lui donna sa désignation actuelle. On arrive à un carrefour de forme triangulaire par un chemin étroit, fort encaissé, et comme ici le terrain n'offre qu'une pente légère, on ne peut attribuer l'excavation au ravinement causé par les eaux pluviales. Au XIVe siècle, suivant Sezille, un manoir y existait. Ce lieu convenait parfaitement,

(1) Hic Hesus quondam Gallis umbra fuit veri dei, qui deus fortis, deus sabahoth haberi dicique amat, dit Jean Frich, p. 39, cité par M. de Larochemacé.

(2) Introduction à l'histoire de Picardie, P. 168.

comme la croupe du mont de Choisy, pour y placer l'image d'une divinité destinée à être vue au loin.

Si l'on est réduit à de simples conjectures, quant au culte d'Hesus sur le mont de Choisy, il n'en est pas de même à l'égard d'un autel destiné au culte de Mercure (1)

(1) Je fis pratiquer une tranchée à travers une éminence offrant 12 mètres de diamètre et 6 à 7 mètres de hauteur, et portant dans la contrée le nom de *Tombe du général*. On trouva d'abord dans le sable des débris de tuiles et un fragment de petites forces en fer; mais la fouille poussée profondément démontra qu'il n'y avait eu là aucun corps inhumé. Convaincu par l'absence d'une sépulture de la destination religieuse de cette butte, je fis faire avec soin sur toute la superficie du tertre, au moyen d'un sondage rapproché, les recherches les plus minutieuses, persuadé que j'étais à l'avance du succès. On trouva effectivement les débris d'un socle, puis une pierre plate brisée. C'était une statue de Mercure en demi-relief et de grandeur naturelle, placée dans une arcade en plein cintre. Le dieu porte le pétase auquel sont attachées deux ailes; les autres attributs de la divinité, tels que le caducée et la bourse manquent; mais, comme la tête et le buste seuls ont été retrouvés, on peut conjecturer que ces emblèmes existaient dans la partie perdue.

que j'ai eu la chance d'y découvrir au mois de septembre 1857. Sa position sur le sommet d'un tertre, fait spécialement dans ce but par la main des Romains, et de nombreux débris de tuiles à rebords, témoignent en faveur de l'existence, sur ce point, d'une réunion d'habitations qui prit la place occupée précédemment par les Gaulois.

Le nom de Hesdin, à Caisne comme à Noyon, a traversé sans se perdre, l'époque de l'occupation romaine et les siècles suivants jusqu'à nos jours.

Caisne, au moyen-âge, a eu son château avec motte et fossés. On en reconnait l'emplacement. La rue principale va de l'est à l'ouest Elle avait autrefois une largeur considérable, sa dimension était en rapport avec celle de la route *mérovingienne* qui du mont de Choisy allait toucher à Maumaques, passant d'abord près de Carlepont, et de là aboutir à Choisy et à Compiègne.

J'ai indiqué, dans le premier mémoire sur ce sujet, quel était le parcours jusques-là reconnu de ce chemin plat et large dont la grande largeur et l'aspect différent des voies gauloises et romaines. J'ai pu le suivre, depuis cette époque,

Près de là on mit à jour une médaille moyen bronze d'Antonin-le-Pieux, *Antoninus Augustus pius*, *pater patriæ*, *tribunitiâ potestate* XXII (répondant à l'an 159 après J. C.) Au revers un temple octostyle : — *Templum divi Augusti restitutum*.

Immédiatement au sud de ce monticule, existe un emplacement de 12 mètres de diamètre, mais ne présentant que trois à quatre mètres de hauteur au centre; il était autrefois entouré d'un mur circulaire en pierres de petit appareil dont on retrouve seulement l'assise touchant aux fondations. Deux cloisons en pierres qui se croisent au centre de l'espace enclos, de nombreux fragments de tuiles à rebords et du charbon, indiquent que là se trouvait l'habitation du gardien de l'autel ou du sacrificateur.

à l'est du *Mont-de-Choisy*, le reconnaître parfaitement conservé depuis la hauteur jusqu'à Gisancourt. De là il passait à Gournay, s'avançait, établi sur la chaussée des *Longs-camps*, à travers un étang aujourd'hui desséché, puis se bifurquait pour gagner à gauche Bretigny, à droite Quierzy. Une branche se détachait du tronc près de Gournay et allait rejoindre la voie romaine au sud du mont de Choisy. Les hameaux de Marivaux et Lombray sont situés sur cette route. La découverte de sarcophages à ce dernier point est venue dernièrement en confirmer l'ancienneté.

Camelin.

Une branche de la route romaine s'étendait de Marivaux à Manicamp et traversait Camelin, village qui appartient au département de l'Aisne (canton de Coucy) et dont l'étendue a dû être considérable même au XIIIe siècle et antérieurement, si l'on en juge par les substructions qu'on y rencontre.

Il existait deux châteaux à Camelin, l'un près de l'église et dont l'emplacement est aujourd'hui traversé par la route qui conduit à Blérancourt; l'autre, dans la vallée. Ce dernier était entouré de fossés et de marécages. La motte centrale est encore apparente.

Le nom de *Cameliacum* se rencontre souvent dans les diplomes ou dans les annales qui traitent des choses de l'époque carolingienne. Pour la plupart, ces titres ou récits concernent effectivement Chambly et le pays du Chamblois *(Pagus Camiliacensis)*, mais résulte-t-il de là qu'il faille attribuer à la contrée voisine de Beaumont tout ce qui porte le nom de *Camiliacum*, notamment un lieu nommé *Camliaco*, désigné dans un diplome du roi Charles-le-Chauve, de l'an 847, et relatif à un échange fait par l'abbé de St.-Denis, lequel est daté de *Camliaco mallo publico?* Je ne le crois pas.

A cette époque, ce souverain séjournait habituellement à Quierzy, compris dans ses *Mansionaticos consuetos*, ses manoirs habituels, qui s'étendaient sur les bords de l'Oise. Or Camelin est voisin de Quierzy, et l'on peut, en attendant de plus amples informations, réserver la solution de cette question, en raison de l'apparence, et ne pas la trancher absolument en faveur du lieu le plus éloigné.

M. Douet d'Arcq, qui a particulièrement étudié cette question, reconnaît lui-même que les recherches qu'il a faites pour son travail sur le comté de Beaumont-sur-Oise, ne lui ont fourni sur ce point aucune indication.

Mon sentiment, je le sais, rencontrera des contradicteurs, mais je prie qu'on veuille bien, quand il s'agit d'un nom ancien qui peut s'appliquer également à deux localités, ne pas oublier que les convenances topographiques et historiques ont une importance décisive (1).

Je retourne au chemin mérovingien, au-delà de Caisne. A cet égard je ne puis que confirmer ce que j'ai dit précédemment (2) sur sa direction à partir du Mont de

(1) Il en est de même de *Palatium Cresciacum* que j'ai placé à Crécy-au-Mont, en raison de la situation de ce lieu et de son voisinage des autres séjours des rois, au VIIe et au VIIIe siècle. Mon opinion a paru hardie, et pourtant D. Pitra, très-bon juge sur cette question, estime, conformément à mon indication, que ce fut à Crécy-au-Mont que saint Léger fit son testament (*actum apud Cristiacum.*)

(2) Recherches sur Noviodunum, p. 60 à 63.

Choisy jusqu'à St.-Léger et à l'Oise, mais je puis ajouter de nouveaux détails.

Carlepont, dont la position est admirable pour la sécurité et où l'on ne peut méconnaître le siége d'une villa mérovingienne, et qui probablement (1) fut occupé dès l'abord par les Gaulois, comme oppide, me paraît pouvoir être regardé, entre tous, comme le lieu le plus probable de la naissance de Charlemagne.

Le 11 septembre 1856, à la séance générale du Congrès archéologique de Noyon, comme je touchais à cette question, je m'exprimai ainsi :

« Faut-il, dans le soin que prit Charlemagne de poser » les fondements de la nef de la vieille cathédrale de » Noyon, qu'il dota de ses cloches et dans laquelle il » voulut recevoir la couronne, voir un hommage filial » rendu à sa ville natale ?

» Cette conjecture qui, dès l'abord, peut paraître » hardie m'avait fort occupé ; je trouvais plusieurs motifs » pour m'y arrêter. C'était dans le pays compris entre » Quierzy et Verberie que Pépin, le père de Charlemagne, » précisément à l'époque assignée à la naissance du grand » empereur, promenait son vassal couronné.

» Quierzy, Montmaque (Mamaccæ), Choisy furent » alors des résidences royales presque continuellement » occupées par la cour. Le maire du palais avait un in- » térêt trop direct à surveiller le faible Childéric pour » s'écarter des *villæ* du fisc qu'il habitait. Les assemblées

(1) Quelques haches en silex et quelques monnaies gauloises qui ont été trouvées sur le territoire, appuieraient cette donnée.

» se tinrent dans les parages voisins, les diplomes sont
» datés de ces lieux. Berthe, son épouse, d'après le texte
» de la coutume de Chauny, comble de biens le monastère
» de Villeselve, où l'on voit encore les restes d'une an-
» cienne résidence importante, le *Louvetain*.

» Elle séjourne longtemps et meurt à Choisy.

» Pépin lui-même prend à Quierzy la place du dernier
» roi mérovingien, au lieu même où Charles Martel, son
» père, avait fini ses jours. J'allais entretenir notre So-
» ciété de ces données historiques, lorsque m'est parvenu
» le très-intéressant travail de M. L. Polain, de Liège,
» résumant les opinions de plusieurs savants belges aux-
» quels avait été soumise cette question : Où est né
» Charlemagne ?

» Quelque soit l'entraînement, bien pardonnable du
» reste, de chaque pays à retenir ses illustrations, In-
» gelheim, Liège, Aix-la-Chapelle, sont mis hors de rang
» par les Belges eux-mêmes, qui placent entre Quierzy
» et Verberie le lieu de la naissance de Charlemagne.

» Je me range entièrement à cet avis en leur accordant,
» avec toute justice, l'honneur des recherches qui ont
» précédé les miennes, à mon insu (1).

» J'ajouterai que le nom de Carlepont peut se rapporter
» au souvenir donné à ce lieu en raison de la naissance de
» ce grand prince. Il y aurait eu là un palais, et non une
» paroisse. Un lieu dit *Jérusalem*, situé sur la route mé-

(1) Déjà, comme je l'ai appris depuis, cette question avait été touchée par M. Barbié du Bocage et une notice publiée dans le tom. VIII des Mémoires de la Société des Antiquaires de France.

» rovingienne, près de Carlepont, et dont j'ai récemment » découvert l'emplacement, appuierait cette conjecture. » En 814, c'était là le lieu de la paroisse. »

Aux motifs sur lesquels je m'appuyais alors, je puis ajouter diverses autres circonstances.

1° On conservait, suivant Jacques Levasseur (1), à la cathédrale de Noyon, un tableau représentant Charlemagne tenant d'une main la boule du monde chrétien et dans l'autre portant puissamment cette lourde masse de la nef et de ses cloches. Lorsque le roi Louis XI vint à Noyon, en 1468, il demanda une copie de ce portrait qui s'était conservé, dit l'auteur, en l'église depuis le sacre. Il existait dans les titres du chapitre de Noyon un titre relatif à l'envoi qui en fut fait.

2° Un poème du XIIe siècle, *les voyages de Charlemagne à Jérusalem et Constantinople* (2) renferme deux passages dans lesquels le trouvère place en France, comme chose avérée, la naissance de l'empereur.

Le patriarche de Constantinople lui demande :

« Dunt estes, sire, neez ?

Celui-ci répond :

« Sire jo ai nun Karles, si sui de France neez.

Plus loin, sur une pareille demande du roi Hugon *li forz*,

Répont li emperere : « Je suis de France net,
Jo ai à nun Carlemaines, Rolland est si mi nès (3).

(1) Annales de Noyon, tom. I, p. 133 et tom. II, p. 607.

(2) Publié à Londres, en 1836, par M. F. Michel.

(3) Je considère que l'expression de France s'applique ici à l'ancienne Ile de France et non à la contrée voisine du Rhin et de la Germanie.

3° En l'année 741, époque voisine de la naissance de Charlemagne, Pépin, dont la place était naturellement près de son père Charles Martel qui mourait à Quierzy et qui, d'ailleurs, au point de vue politique, n'aurait voulu confier à aucun autre la garde du jeune roi Childéric III, lequel n'entra qu'en l'an 750 dans le cloître du monastère de St.-Bertin. Aurait-il voulu éloigner de lui Berthe, son épouse? C'est donc aux environs de Quierzy qu'elle dut mettre son fils au monde.

4° Je tiens de l'honorable M. L. de Baecker, de Bergues, un passage (1) qui établit que Berthe *peperit Carolum Magnum in eâ arce quæ Carolobergum hoc est Caroli mons vocatur.* — On a cherché ce lieu en Bavière, mais sur quelle preuve? Pourquoi ne pas admettre Carlepont, dont le palais a sa place sur un véritable mont?

5° On lit, dans le manuscrit de Sezille sur Noyon, que « suivant la tradition, Charlemagne donna aux cha-
» noines de Noyon la cure de Thiescourt et le bois de
» Wafant, et que la preuve de cette donation apparaît
» en un diplome de Charles-le-Simple de l'an 901, en-
» registré le 21 décembre 1739, sur l'original à la
» chambre des comptes, acte qui, il faut le dire, portait
» simplement que ces biens furent donnés à cette église
» *ab antecessoribus nostris*, d'après la charte elle-même.
» Qui sont ces ancêtres? Ils ne sont pas dénommés,
» mais les probabilités sont en faveur de Charlemagne
» ou de Pépin. »

6° Il est évident qu'en l'année 814 Carlepont n'était

(1) Annalium Boiorum, lib. VII, c. 4.

point une paroisse, mais qu'on nomme ce lieu Jérusalem seulement (1).

Ne peut-on pas en conclure que, pendant la période comprise entre l'époque de la mort de Charlemagne, qui eut lieu cette année-là, et l'avènement de Louis-le-Bègue, en l'an 877, ce domaine royal existait, bien que l'on n'en trouve pas la preuve par actes certains, et qu'il fit partie de la donation faite par ce prince à l'évêque de Noyon pour se concilier des partisans, ainsi que le rapportent les annales de St.-Bertin, sans qu'aucun document permette d'établir quelle en fut l'étendue. Outre Carlepont et la partie de la forêt de Laigue qui porta depuis lors les noms de *bois du Chapitre* et *du monastère d'Ourscamp*, on peut cependant y comprendre le domaine de Tracy, les bois et les terres de la vallée de l'Oise au-dessous de Noyon, tels que le domaine de Chiry, où les évêques eurent depuis lors leur château de Mauconseil, celui de la Bretonnière, et celui de Hérimont, qui porta au XIVe siècle le nom de Mont Renaut.

Les évêques de Noyon administrèrent ces biens sans que l'on puisse savoir à quel titre précis. Il est probable qu'ils en eurent successivement la jouissance viagère. Le cartulaire du Chapitre ne fournit aucune indication sur ce point, et le Chapitre ne fit aucune opposition aux démembrements qui eurent lieu au commencement du XIIe siècle. Proche parent du Roi et possédant nécessairement une

(1) J'ai pu dernièrement connaître le point du territoire de Carlepont qui porte le nom de Jérusalem. C'est un *lieu dit* resté dans la tradition locale seulement, qui touche à la voie carolingienne, entre Caisne et Tracy.

grande influence, Simon de Vermandois qui gouvernait alors le diocèse, en usa pour partager de sa propre autorité ses largesses entre le Chapitre de Noyon, les Templiers et les Cisterciens qu'il appela à Ourscamp, en les dotant largement. Si les droits du Chapitre sur ces domaines, comme afférents à l'évêché même, eussent été établis, il y aurait eu au moins un acquiescement. Le silence qu'il garde me paraît un témoignage en faveur de la conjecture que j'ai émise.

Les objections au système que j'ai présenté sur l'emplacement de *Noviodunum oppidum Suessionum*, se résument ainsi :

1° La distance de Pont-Arcy au mont de Noyon approche de 60 kilomètres en ligne directe. Elle ne pouvait, disent les critiques, être franchie en une journée, surtout par les fantassins romains, chargés d'armes et de bagages, et cette difficulté insurmontable est un argument en faveur de Soissons.

Je répondrai que l'armée romaine conduite par César en personne (*Cæsar exercitum duxit*), se rendit en hâte, après une longue traite (*magno itinere confecto*), vers la frontière du pays des Suessons (*in fines Suessionum*) et par conséquent à la limite de cette cité vers le pays des Bellovaques et des Ambiens, là même où se trouvait l'*oppidum Noviodunum*.

La marche avait commencé dès le plus grand matin, car il fallait se mettre à la poursuite de l'ennemi avant qu'il fût revenu de sa terreur et se fût arrêté dans sa fuite (*priùs quàm se hostes ex terrore ac fugâ reciperent*), et en outre éviter le plus possible la chaleur du jour.

Or, la veille, César avait envoyé pour attaquer les fuyards Titus Labienus avec trois légions. qui rentrèrent dans le camp vers le coucher du soleil, après avoir poursuivi l'ennemi *jusqu'à la distance de plusieurs milles* (*et multa millia passuum prosecuti*) et massacré un grand nombre d'hommes. Il n'y eut donc le lendemain, pour les Romains, aucun obstacle à vaincre.

Comment expliquer, si l'on admet que Soissons représente l'oppide *Noviodunum*, que la plupart des Suessons, rapprochés dès la veille de ce but et n'étant point inquiétés dans la soirée de ce jour, ni la nuit, ni pendant les premières heures de la matinée du lendemain, n'aient pu se rendre avant la nuit suivante, dans le lieu de refuge qui leur était assigné. La distance de Pont-Arcy à Soissons ne dépasse pas vingt-deux kilomètres qu'on doit au plus réduire à douze, si on admet seulement dix kilomètres pour les *multa millia passuum* relatifs à la poursuite du jour précédent. Où trouver là le *longo itinere confecto?* Et comment expliquer cette arrivée tardive d'une partie des Suessons dans l'oppide *Noviodunum?* Que si, pour le besoin de la cause, on recule le lieu du passage de l'Aisne jusqu'à Pontavert (Pontavaire), et même jusqu'au Bac-à-Bairy ou à Condé même, on n'arrivera pas à faire de ce trajet une longue traite.

La notice de Sanson d'Abbeville qui précède la traduction des Commentaires de César par Perrot d'Ablancourt, porte à dix lieues en hiver et à douze lieues et demie en été la journée d'un homme de pied de l'armée romaine; celle des cavaliers, à douze lieues et demie en hiver et quinze en été: quatre journées de ces derniers équivalant à cinq du piéton. L'armée romaine, animée par la présence de son général et ardente à la poursuite de l'ennemi, put donc très-bien faire une marche de quinze lieues, surtout si elle ne devait pas la renouveler le lendemain.

2° Le pays Noyonnais (*pagus Noviomensis*) devait appartenir à la cité des Véromanduens, puisque St-Médard transporta à Noyon, au VIe siècle, le siége épiscopal de Vermand. Ce principe, vrai au fond, s'applique bien plus aux cités qu'aux pays, *pagi*, qui ont pu subir sur plusieurs points des démembrements pendant cette longue période de six siècles qui s'étend depuis les conquêtes de César jusqu'à la pleine possession de la Gaule par les rois Franks, époque de triomphes et de revers, de transformations administratives, sociales et religieuses et, il faut aussi le dire, de décadence et de barbarie, qui nous a laissé seulement quelques rares documents fort incomplets et trop souvent obscurs.

Aux motifs qui militent en faveur de l'extension de la cité des Suessons dans le pays de Noyon, à l'époque de la guerre des Romains contre les confédérés Belges, tels qu'on peut en lire le détail dans mon précédent mémoire sur ce sujet (1), j'ajouterai les arguments qui suivent :

Le récit de César ne mentionne aucunement, quant à son

(1) A savoir la faiblesse du contingent des Véromanduens (10,000 hommes et 5,000 suivant quelques uns) comparé à celui des Suessons (50,000); l'existence d'un grand chemin gaulois (ou de la Barbarie) conduisant dans la Germanie, d'une part du pays des Rèmes, d'autre part, dans la contrée du Nord et de l'Ouest de la Gaule-Belgique ; la conformité géologique, les déductions tirées des actes connus des premiers rois Franks, et leur prise de possession du Noyonnais, longtemps avant la destruction de la cité Romaine de Soissons.

entrée sur la terre des Bellovaques, son passage sur le territoire des Véromanduens. Cette omission, bien que je ne récuse pas l'objection qui peut être faite, que le silence de l'historien n'offre pas une preuve négative, n'en a pas moins une valeur qui doit être notée. Le passage d'un manuscrit composé par un chanoine de Laon cité d'abord par Emmeré (1), puis par Colliette, montre qu'au XIIIe siècle l'opinion commune était en faveur de Noyon, comme appartenant au Soissonnais.

Colliette ne pouvant combattre cette donnée précise, s'évertue en vain à chercher sur la rive gauche de l'Oise ce *castrum Noviomum*. J'admets que c'est un témoignage bien postérieur aux origines de la monarchie française, mais toutefois cette affirmation doit peser dans la balance.

M. Moët signale avec raison la concession à laquelle est forcément amené Colliette qui s'exprime ainsi sur ce sujet : « *Au reste, si le lieu de Noyon même étoit* » *(ce que nous ne devons pas croire) du diocèse et du* » *territoire de la province de Soissons, il faut dire tout* » *crûment que Noyon se sera démembrée de l'évêché de* » *Soissons ; que peut-être aussi elle en aura été échangée,* » *ou gratuitement abandonnée, par les évêques de ce dernier* » *siége, à Saint Médard et à ses successeurs ; surtout à la* » *recommandation de Clotaire I, l'ami de ce saint pontife* » *du Vermandois.* » Colliette lui-même reproduisait l'opinion d'Emméré qui, à la page déjà marquée de son

(1) *Hemeræus.* Augusta Viromanduorum illustrata, p. 22. Anno Justiniani, Imperatoris, vigesimo octavo, obiit beatus Medardus, Noviomensis episcopus. *Hic sedem Episcopalem ab urbe Verimandorum, ad castrum Noviomum transtulit. Fuerat autem castrum Suessionense....*

livre, s'exprime ainsi : *Medardus.... in alienâ Diœcesi, quod mirere, vel coëmit à Banderedo vicino Episcopo* (1), *vel emendicavit locum, vel Clotharii regis favore benevolentiaque, vel quovis alio modo sibi fecit proprium, in quem Viromandensem Cathedram traduceret? Nempè in Suessionensi Noviodunum.*

On voit par ce qui précède que les deux auteurs les plus renommés de l'histoire de St.-Quentin et du Vermandois, sont loin de rejeter l'opinion qui place Noyon dans l'ancienne cité des Suessons.

La situation de *Bratuspantium*, telle qu'elle apparaît aujourd'hui par suite du renseignement nouvellement obtenu, présente un jalon de plus dans la direction de Pont-Arcy au Mont de Noyon.

Je ne discuterai pas longuement quelques critiques de détail qu'il me suffira d'exposer pour que l'appréciation en soit complète. Ainsi M. Clouet (2) trouve piquant d'opposer à l'étendue du *Mont de Noyon* l'impossibilité d'y recevoir les 50,000 hommes du contingent des Suessons dont aucun, suivant lui, n'aurait dû manquer à l'appel. Il énumère tous les préparatifs d'un siége, afin de faire ressortir l'impossibilité pour l'armée romaine de les achever en quelques heures, mais il ne tient pas compte des termes *comparare cœpit* employés par César, lesquels n'indiquent qu'un commencement de préparatifs.

M. Leclercq de La Prairie (3) s'exprime ainsi : « M. Pei-

(1) S. Bandurid, évêque de Soissons vers 545.

(2) Mémoires de la Société archéologique de Soissons, t. X, p. 86-87.

(3) Même recueil, t. XI, p. 9.

» gné-Delacourt est parvenu à faire un tour de force, c'est » à dire à placer *Noviodunum*, le principal oppide des » Suessons, à huit ou dix kilomètres de Noyon. »

Je reconnais, quant à moi, un tour d'adresse dans le détour qu'on m'impute. Noyon est au nord-ouest du Mont de Noyon, à l'ouest de Pont-Arcy; je ne connais aucun motif pour César de passer par Noyon avec son armée, pour aller de là vers le Mont de Noyon, si ce n'est dans l'intention de rendre plus tard ma position plus difficile, quant à la question des distances.

Je ne vois que l'emportement bien excusable d'un autre honorable habitant de Soissons, en faveur du titre de *Noviodunum* qu'on prétend arracher à sa ville natale, dans cette supposition qu'il émet assez hardiment que la rue de la *Surchette* ou Souricière, aurait pu trouver son origine dans l'action même de César qui de ce point guettait les Suessons, enfermés dans leur oppide, comme le chat guette la souris (1).

Un emprunt tacite fait à mon mémoire sur Noviodunum, relativement *aux voies gauloises* (2), contient une proposition que je laisse à l'auteur le soin d'expliquer. J'avais dit, en parlant des chemins gaulois, qu'ils parcouraient au nord de la montagne de Soissons la limite de l'étage calcaire, ce qui est vrai. Mais l'auteur généralisant la chose, déclare que *tous les chemins gaulois sont tracés à la limite de l'étage calcaire* (3), ce que je crois

(1) Même recueil, t. IX, p. 128.

(2) Pag. 13-14.

(3) Mémoires de la Société académique de Laon, t. V, p. 318.

difficile là où cette couche géologique est enfouie sous d'autres terrains, et que l'on trouvera tout à fait impossible dans les lieux où manque cet étage.

Forêts et Métairies royales du Soissonnais désignées dans le capitulaire de Quierzy.

Le roi Charles-le-Chauve avait, le jour de Noël 877, reçu dans Rome même la couronne impériale, et l'année suivante, à Reims, devant les grands et les évêques, il avait associé à la royauté Louis-le-Bègue, son fils. En présence d'une résolution aussi importante, et lorsque les préoccupations les plus graves devaient assaillir ce prince déjà malade et âgé de 54 ans, on reconnaît le père soupçonneux ; on reconnaît aussi le chasseur passionné, en voyant les prescriptions minutieuses et les réserves qu'il multiplie pour limiter les droits qu'il abandonne à son fils sur les forêts de son domaine.

Parmi les lieux désignés je m'attacherai principalement à ceux qui faisaient partie du Soissonnais ; presque tous, métairies royales et forêts, étaient situés entre l'Aisne et l'Oise. Ces barrières naturelles maintenaient le gibier pour ainsi dire enclos, et les rois pouvaient, en toute sécurité, s'y livrer à leurs amusements.

Je crois devoir transcrire en entier le texte latin de l'article 32 du capitulaire, qui fait l'objet de ce chapitre.

Karoli II Capitularia. Conventus Carisiacensis.

Art. xxxii. In quibus ex nostris palatiis filius noster, si necessitas non fuerit, morari vel in quibus forestibus venationem exercere non debeat. *Carisiacus* penitùs cum forestibus excipitur. *Silvacus* cum toto Laudunensi similiter. *Compendium* cum *Causia* similiter. *Salmonciacus* similiter. In *Odreia villa* porcos non accipiat; et non ibi caciet nisi in transeundo. In *Attiniaco* parum caciet. In *Verno* porcos accipiat tantùm. *Arduenna* penitùs excipitur, nisi in transeundo, et villæ ad servitium nostrum similiter. In *Ligurio* porcos et feramina accipiat. *Aristallium* cum foreste penitùs excipitur. In *Lens* et *Vvara* et *Astenido* et feramina et porcos capere potest. In *Rugitusit*, in *Scadebolt*, in *Launif*, tantummodo in transitu, et sicut minùs potest. In *Crisiaco* similiter. In *Lisga* porcos tantùm accipiat.

Quierzy. — Carisiacum.

Je commence l'examen des localités désignées dans ce titre par le lieu principal; là où se fit l'assemblée dans laquelle furent prises les résolutions édictées dans le fameux diplôme qui porte la date du 14 juin 877.

Quierzy n'était pas seulement une maison royale destinée à être habitée momentanément pendant la saison d'automne, la plus favorable, comme on le sait, aux exercices de la chasse. Les logis devaient y être nombreux et spacieux, et les dépendances considérables, car nonseulement le prince, sa famille, la foule des serviteurs ordinaires et l'équipage de chasse devaient y trouver place, mais il fallait aussi héberger les hauts fonctionnaires et leur suite, les chapelains, les secrétaires et les soldats indispensables, sinon pour la défense, au moins pour la garde des palais (1).

J'avais depuis longtemps visité l'emplacement incontestable de cette maison qui reçut tour à tour les derniers rois mérovingiens et les papes, puis les chefs de la race carolingienne, Charles Martel et Pépin, Charlemagne, Louis-le-Débonnaire, Charles II et son fils. Etonné de ne trouver nulle part les ruines ou même les vestiges de cette *villa*, ou plutôt de ce palais, je comptais en reconnaître au moins les traces en pratiquant des fouilles aux points où la disposition des lieux et les noms conservés jusqu'ici me donnaient l'espoir de réussir. Nous fîmes en conséquence avec M. Petit de Quierzy, il y a quelques années, par suite d'une mission de la Société des Antiquaires de Picardie, une recherche régulière à Quierzy, en un point qui est réputé avoir fait partie de l'emplacement du palais et de ses dépendances. Notre attente fut trompée; à part de nombreux fragments de charbon mêlés à une couche de blé calciné, et des morceaux d'un stuc poli couvert d'une peinture rouge-brique, nous ne fîmes aucune découverte. La pièce de terre que nous explorâmes principalement, porte le nom de la *Capelette*. De l'absence de pierres taillées et de la nature des objets que nous recueillîmes, nous conclûmes que la chapelle royale, comme le palais,

(1) Toutefois, comme l'indiquent divers passages des Capitulaires, dans les instructions données aux *missi dominici*, il leur était enjoint de disposer pour les nécessités du service dans les *villæ*, les *cortes*, les *mansiones* et les *palatia* de chaque comté, non-seulement les hommes chargés des travaux à faire, des préparatifs des fêtes et des assemblées publiques, mais aussi les chevaux (*paraveredi*) destinés aux transports des bagages, et aux plaisirs de la chasse (Années 853, 855, 856).

étaient construits en charpente et en planches, avec quelques ornements faits en terre et grossièrement peints. Aussi les Normands détruisirent-ils facilement de fond en comble, par l'incendie, ces bâtiments formés entièrement de matériaux combustibles.

Comme l'acte de Charles-le-Chauve est postérieur de près d'un siècle au temps où le glorieux empereur Charlemagne tirait de Bysance, de Rome et de Ravenne, des modèles qu'on imita en les modifiant, et donnait une impulsion si vive à la civilisation, aux sciences et aux arts, on serait surpris, si on ne considérait que les dates, de retrouver, à la fin du IXe siècle, des habitations royales si dépourvues de solidité et d'art architectural, dans les lieux mêmes où les Romains ont séjourné pendant cinq siècles et laissé des monuments construits toujours avec habileté et souvent avec luxe. Mais si l'on réfléchit à l'état de dégradation sociale et de misère publique où tomba la nation sous les deux successeurs de Charlemagne, et si l'on se rappelle que cet empereur transporta le luxe de sa cour dans les contrées voisines du Rhin, à Aix-la-Chapelle, à Ingelheim, etc., dès que la mort de Carloman son frère eut placé dans ses mains le sceptre d'Occident (1), on comprend que les lieux abandonnés par le monarque aient subi dès-lors une détérioration qui alla toujours croissant. D'ailleurs, dans ses premières années, le futur empereur d'Occident n'était qu'un souverain d'une importance relativement bien restreinte. Aussi, l'on se prend à douter si cette résolution fut entièrement politique et si le

(1) *Carmen de Carolo-Magno*. Recueil des Historiens de France, tome V, p. 388.

descendant des maires du palais n'a pas désiré qu'on oubliât son origine (1). Le silence qu'il commanda peut-être à Eginbard sur le lieu précis de sa naissance et sur ses premières années, dévoilerait donc une faiblesse de l'esprit humain chez un homme qui pourtant nous apparaît plein de grandeur et de majesté.

Le palais de Quierzy resta donc très-probablement, jusqu'au jour de sa destruction, tel qu'il avait d'abord été construit, c'est-à-dire sous la forme gallo-franque ou austrasienne; mais il fut agrandi, complété, en raison des nécessités et des progrès du luxe de l'époque.

C'est dans les *villæ regales*, restées maisons de chasse, qu'on peut retrouver les marques de l'emplacement qu'elles occupaient. Lorsque des villages prirent la place de ces domaines, le relief du terrain disparut presque complétement. La charrue a effacé les traces qui auraient pu fournir des indications, mais les lieux envahis par les bois ont conservé leur physionomie. On peut voir qu'il suffisait alors d'un fossé dont la terre rejetée à l'intérieur formait rempart et d'une palissade en bois, pour enclore ces habitations qui, quoique faites *de materiâ ligneâ,* avaient toutefois une élégance relative, si on la compare aux misérables huttes des habitants de la contrée. Elles ne devaient du reste leur nom de *palais* qu'au séjour momentané de nos premiers rois. Ce tableau d'une *villa* mérovingienne comparé aux splendeurs ordinaires de la royauté n'est pas brillant, mais il est vrai.

(1) Les invasions réitérées des Saxons eurent, il faut le dire, une grande influence sur le choix que fit Charlemagne des bords du Rhin pour y asseoir (vers l'an 780) le centre de sa domination.

Je suis forcé de me reporter de nouveau à un passage du mémoire sur Noviodunum. A la page 59, j'ai tracé le parcours de la voie mérovingienne qui de Quierzy conduisait à Compiègne, en cotoyant la rive gauche de l'Oise.

Si l'on considère aujourd'hui la configuration des terrains de Quierzy au voisinage de l'Oise, et là où fut construit au XIe siècle un château dont M. Petit a dressé un plan exact, on voit encore les traces de l'enceinte munie de tours et enveloppée d'un mur fortifié et d'un fossé d'entourage; l'une de ces tours portait le nom du preux Roland. L'exiguité de l'enceinte du château et de ses dépendances, qui ne dépasse pas 75 à 80 mètres du nord au sud, et 50 à 55 mètres de l'est à l'ouest, et l'étendue du mur d'enceinte éloignent toute pensée d'y chercher l'emplacement du palais *Carolingien*.

Aujourd'hui le château de Quierzy paraît, au premier abord, être situé sur la rive droite de l'Oise. Pour expliquer cette position en dehors des territoires compris entre l'Aisne et l'Oise, et par conséquent de la ligne dont ces cours d'eau formaient la défense, il faut se rappeler qu'aux temps anciens il n'en était pas ainsi, et qu'alors un bras de rivière qui se détachait de l'Oise immédiatement au-dessus du point où est situé le château, allait rejoindre le lit principal après un parcours de 500 mètres environ. M. Petit a justement signalé un vieux pont dit *de Neuf-Mois* (1) près duquel venaient aboutir les chemins de St.-

(1) Ainsi nommé sans doute par le motif que l'Oise cessant de parcourir cette branche pendant trois mois, le pont devenait inutile, et n'avait de raison d'être que pendant les neuf autres mois de l'année.

Quentin et de Chauny. L'emplacement de l'habitation et les terrains sur lesquels sont construites les maisons du *Petit-Quierzy*, et une prairie traversée par le ruisseau de la Courbe étaient compris dans cette île bornée au sud par la rivière d'Oise, qui formait elle-même, à sa rive gauche, la limite d'un autre îlot où il existe un hameau nommé *la Motte*. Cette seconde enceinte était autrefois bornée par la rivière de l'Élette ou Ailette qui se jetait alors dans l'Oise au-dessous de Quierzy. Maintenant, ce lit est desséché, car on a changé le cours de cet affluent depuis l'an **1690**, pour le faire déboucher dans l'Oise à Manicamp, c'est-à-dire à 3 kilomètres environ plus haut. A l'aide du plan ci-joint, il sera facile de se rendre compte de cette disposition topographique.

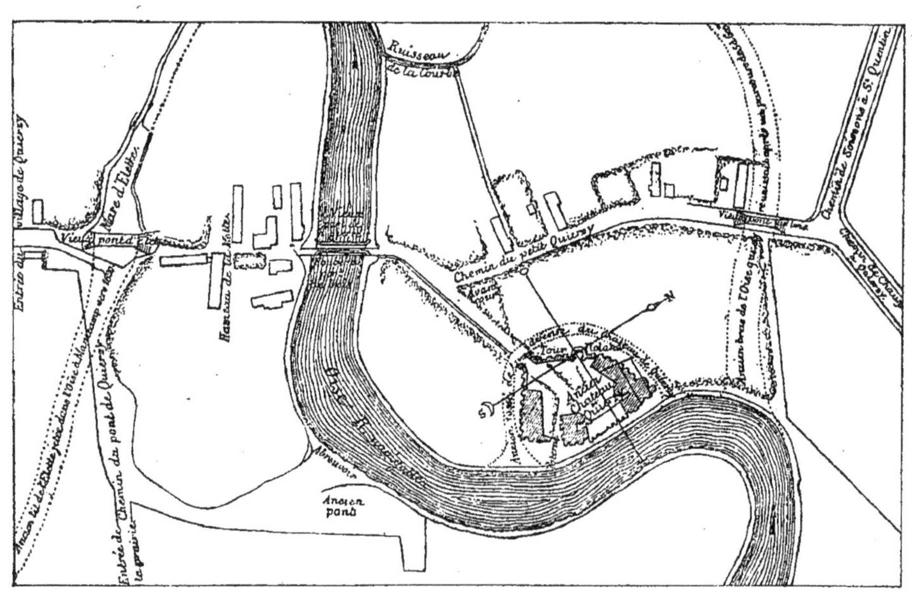

La position de Quierzy, on le voit, était elle-même défendue du côté de l'intérieur par le cours de l'Élette. De plus, à l'est et à l'ouest deux rus bornent un vaste terrain qui présente dans son ensemble un triangle dont la pointe existe à Camelin.

Aujourd'hui, quelques débris séparés par des *coutures* (*culturæ*), subsistent seuls dans cet espace; ils portent les noms de bois de *Bretigny*, du *Gravier* et de *Bourguignon*. Ce ne sont évidemment que des lambeaux de l'ancienne forêt de Quierzy, qui couvrait autrefois le sol et confinait à la forêt de St.-Paul, ainsi qu'on le voit dans une légende du moine Nicolas, contemporain de saint Godefroid, abbé de Nogent-sous-Coucy au XIe siècle et depuis évêque d'Amiens (1). [Voir note A.]

Ligurium-Trosleium.— Trosly-Loire.

Quelle est la forêt à laquelle s'applique la phrase du capitulaire déjà cité : *In Ligurio porcos et feramina accipiat?* J'avais déjà examiné cette question à plusieurs reprises et cependant je me serais abstenu de la traiter aujourd'hui dans l'espoir d'obtenir en continuant mes recherches, les éléments d'une solution plus complète, mais M. Deloche, ayant présenté, à la Société des Antiquaires de France, un mémoire dans lequel, s'appuyant sur le nom de *Ligurium* que portait autrefois la forêt de Ligué (Dordogne), et sur l'existence en ces lieux d'un monastère fondé par Charlemagne, il y voit le *Ligu-*

(1) *Surius*. Vita S. Godefridi.

rium du capitulaire de Charles-le-Chauve; je crois devoir exposer mon opinion différente de la sienne.

J'ai soumis immédiatement à M. Deloche les doutes qui s'étaient élevés dans mon esprit en entendant sa dissertation, et les motifs de la préférence que j'accordais à Trosly-Loire. Il est arrivé, ce qui n'est pas rare, quand il s'agit de ces matières, que, tout en appréciant la valeur réelle de nos arguments, nous sommes restés de part et d'autre dans nos opinions. *Sub judice lis est.*

Les raisons que j'ai à donner de mon sentiment au sujet de Trosly-Loire comme remplaçant *Ligurium* sont tirées de considérations philologiques et topographiques.

Sur le premier point, il suffit de se rappeler que les lieux qui portent le nom de Loir, Loire, Loiret, se nomment en latin *Lidericus*, *Ligeris*, *Ligeretus*, pour y apercevoir une analogie remarquable entre Loire et *Ligurium*. Ne sait-on pas d'ailleurs que dans la transformation du latin et du celtique en langue d'oil, ce sont surtout les mots en *e* et en *i* qui se sont modifiés en *oi*. Ainsi *digitus* a fait doigt; *mensis*, mois; *tectum*, toit, etc.

Longtemps j'ai cherché sans succès quel pouvait être l'emplacement de la maison royale de chasse située dans la forêt de *Ligurium*. D'après le texte du capitulaire, je la regardais comme voisine de Quierzy, j'avais donc parcouru le territoire situé entre Saint-Paul-aux-Bois vers le nord, la ferme de Loire au sud; et, de l'est à l'ouest, j'avais également examiné la vaste plaine qui s'étend des bords de l'Ailette à Bourguignon et à St-Aubin. Les feuilles du cadastre de Trosly-Loire me parurent muettes sur ce point. Mais M. Marville, que j'avais conduit aux *loges d'Autreville* dont il sera bientôt question, prenant pour base de ses investigations, quant aux dispositions de l'enceinte de l'habitation royale, s'il en avait existé une, l'ensemble, le tracé et les fossés de circonvallation très-bien conservés à *Autreivilla*, reconnut, près du moulin de *Carbin*, situé dans les prairies de Trosly, une enceinte analogue. C'est un parallélogramme où l'on reconnaît celui d'Autreville, mais tronqué à l'angle nord-ouest. Un bourrelet de terre (F) qui règne à l'intérieur du fossé, lequel n'a pas moins de quinze mètres de largeur (C), formait autrefois un rempart. La portion de l'enceinte au sud-est, comprenant l'angle et une partie des lignes est et sud (A), a été enlevée; probablement les terres auront servi à la confection de la digue qui maintient dans son lit actuel le cours d'eau disposé pour former une chûte à l'usage du moulin de Carbin. Au milieu de la ligne, à l'est, on trouva, il y a quelques années, un pilotis (E) composé de pièces de bois placées de façon à recevoir les traverses et le tablier d'un pont qui devait servir de communication entre l'enceinte décrite et une autre qui lui était accolée, comme on peut le conjecturer à la simple inspection des lieux. Pour les besoins du service du moulin, on établit plus tard un bassin qui sert actuellement de réservoir, ce qui fit disparaître cette seconde enceinte. On reconnaît les portions de terrain qui ont été exhaussées et les endiguements pratiqués lorsque fut fait ce travail. Aussi ne reste-t-il plus qu'une seule enceinte marquée; les fossés en sont presque comblés maintenant, mais évidemment ils furent autrefois remplis par l'eau du ru. Sur l'emplacement du bâtiment principal (B) on rencontre des substructions formées de grés grossièrement appareillés.

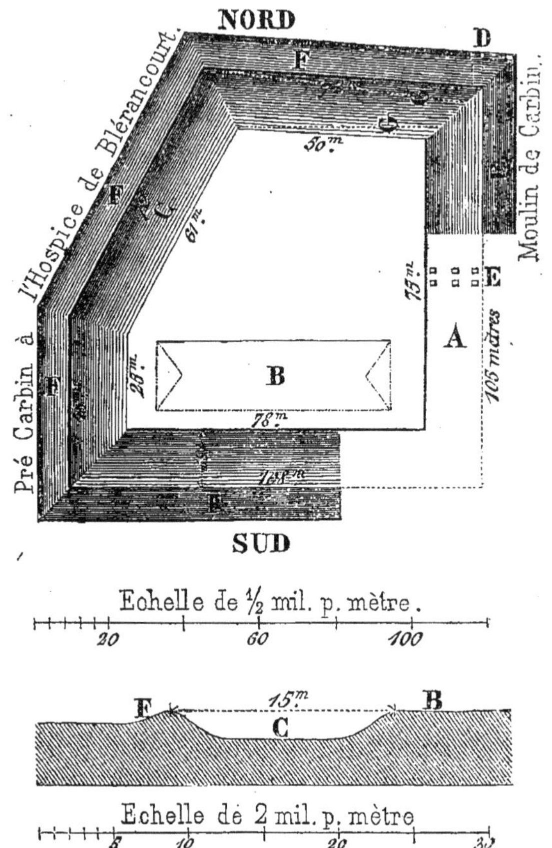

L'étymologie du nom de *Carbin* me paraît provenir des deux mots *Quadratum* et *Bannum*. Le mot *Quadratum*, Carré, qui donne la figure de l'enceinte, a souvent été donné aux domaines, places publiques et emplacements anciens. L'expression *Bannum* s'applique ici à l'*enceinte territoriale.*

Trosly faisait partie du pays du *Mège*, ainsi que Coucy et Leuilly. [Voir note B.]

Au point de vue topographique, n'apparaît-il pas que cette forêt *de Ligurium*, dont le nom se trouve mêlé à plusieurs autres sur lesquels aucune contestation n'est possible, devait se trouver parmi les *Mansionaticos consuetos*, si souvent visités par le roi Charles-le-Chauve.

Un *lieu dit* situé près de Trosly porte le nom des *Haies de Loire*. Les terres de la ferme de Loire s'étendent au nord de la montagne du Soissonnais qu'elles bordent, et par conséquent elles tiennent au vallon de Trosly. L'aspect tourmenté du terrain dans ces parages indique l'existence antérieure d'une forêt, tandis que les parties anciennement cultivées du Soissonnais ont été dès longtemps nivelées par l'action de la charrue.

Le nom de *Loira* donné dans une charte concernant la cathédrale de Soissons (an **1162**) à la ferme de Loire (D. Grenier, T. 173, f° **209**), est évidemment une des dénominations de basse latinité forgées aux XIIe et XIIIe siècles. Trosly-Loire est donc un lieu très-ancien.

Là était le point de passage entre le pays élevé du Soissonnais et les parties basses qui s'étendent au nord jusqu'à l'Oise, et au-delà jusqu'au versant de l'arête montueuse qui se confond à l'ouest avec les Beines, et le mont St.-Siméon, près de Noyon. Un chemin très-profondément encaissé qui touche à Trosly, porte le nom d'*Orgival*, qui rappelle le culte de Bacchus. Une fontaine qui y prend sa source, porte le nom de St.-Pierre : c'est sans aucun doute un des exemples de la transformation sous un nom chrétien, des fontaines consacrées auparavant au culte des Payens. Vers le sud, ce chemin passait près du champ des *Lates* et de *Montecouvé*; il aboutissait non loin de là au chemin gaulois ou *de la Barbarie*.

Les Romains eurent des habitations à Trosly. On en trouve des traces aux lieux qui portent le nom significatif des *arches* et au vieux moulin. Deux églises existaient autrefois, toutes deux dédiées à des saints des premiers temps du christianisme, saint Pierre et saint Martin. Il y eut à Trosly jusqu'au dernier siècle, un marché de très-ancienne fondation. Peut-être était-ce une de ces *nundinæ* contemporaines de la célèbre foire du Landit à St.-Denis. Mais c'est au lieu dit le *Carbin* qu'existait, à mon sens, la *villa* de *Ligurium*

Dom Germain note qu'il y avait le Trosly supérieur et le Trosly inférieur.

Les murs du jardin du *vieux logis* sont faits de débris d'anciennes constructions. Là se trouvaient celles qui portaient le nom des *vieilles Loges*.

Les seigneurs de *Trosli* figurent dans les actes du XIIe siècle. En 1168, Jean de Trosli est témoin à un acte de donation faite par Gui, chatelain de Coucy, à l'abbaye de St.-Vincent de Laon, de deux fermes; il avait pour cela obtenu l'assentiment de Raoul, seigneur de Couci.

L'agrément du lieu et sa position au centre d'une forêt destinaient Trosly-Loire à l'établissement d'une maison de chasse royale.

Du massif forestier il ne reste aujourd'hui que les bois des *Favettes*, de la *Chapelle* et de *Panthières*. On peut y ajouter ceux de *St.-Paul-aux-Bois*, défrichés depuis quelques années. Ils touchaient, comme on l'a vu plus haut, à la forêt de Quierzy, dont ils étaient séparés par le ru de Camelin.

Les éclaircies dans cette contrée boisée datent de loin. L'une d'elles forma un *plessis* d'une étendue considérable. Ce lieu en retient le nom. Au XIIe siècle, Guibert, abbé de Nogent, parlant de la situation du monastère de ce nom, voisin de Trosly-Loire, rapporte que les environs étaient couverts de forêts (1) peuplées de gibier et parfaitement disposées pour la chasse.

Ici se présente une question qui a déjà occupé plusieurs géographes.

Trosly est-il le lieu où furent convoqués plusieurs conciles ou assemblées au Xe siécle ? Comme j'ai fait mon choix entre ces deux localités, et que j'adopte Trosly-Loire, je commencerai par exposer les arguments contraires à l'opinion à laquelle je me suis arrêté. Adrien de Valois émet, en quelques mots et sans discussion, son opinion. Il adopte Trosly-Breuil, en citant simplement Flodoard et il conclut (2) de ce que cet auteur place *Trosleium* dans le Soissonnais, pour appuyer son sentiment.

(1) Locus ille, de quo agimus, tunc temporis venationum feracibus ambiebatur silvis, fluvio quem suprà diximus Aquila utiliori maximè quàm majori... (De vitâ suâ, lib. 2, cap. 1).

(2) Trosleium, p. 56. Flodardo in chronico non semel memoratum, quatuor synodis illustre, anno 909, 924, 927, habitis, locus fuit in pago Suessionico non ignobilis. Nunc vicus est nomen vetus retinens ad Axonam flumen. Troli enim dicitur, inter Suessionas et Compendium positus, sed Compendio propior.

Cette considération tombe d'elle-même, car Trosly-Loire appartient aussi à ce diocèse. M. Graves a suivi dans l'annuaire concernant le canton d'Attichy la donnée du précédent auteur. On chercherait en vain, dans ce qu'il a écrit à ce sujet, l'indication de monuments du VIIIe au Xe siècle qu'il aurait dû présenter à l'appui de son système. En effet, ce qu'on rencontre à Trosly-Breuil se rapporte : 1° à l'époque celtique, *la Pierre Tourniche, le Mont du Crocq, etc ;* 2° à celle des Romains, de nombreux fragments de pavage en ciment, des poteries, des tuiles et des monnaies trouvées près de la chaussée conduisant à Couloizy.

C'est à ce dernier point que furent découverts, lorsqu'on établit les barrages pour la canalisation de l'Aisne, plusieurs objets intéressants, entr'autres un beau vase en bronze doré dont l'anse représente une tête d'Io. On trouva dans ce même endroit une barque formée d'un seul tronc d'arbre creusé, avec deux squelettes, l'un d'homme, l'autre de femme : tous deux avaient dû périr lors de la catastrophe qui ensevelit le bateau. Près d'eux étaient les restes d'une chèvre, son *tintinnabulum* et une auge en pierre qui lui servait sans doute. M. Lefebvre, doyen d'Attichy, a écrit une notice intéressante sur cette découverte, à l'époque où elle venait d'être faite.

Ce qu'on rencontre du moyen-âge à Trosly se rapporte aux XVe et XVIe siècles. Dans les fondations de l'ancien château on a recueilli des carreaux émaillés avec figures et blasons, paraissant appartenir à une époque un peu plus ancienne, au XIVe siècle.

Carlier, écrivant l'histoire du Valois était naturellement porté à placer *Trosleium* à Trosly-Breuil qui fait partie de la contrée sur laquelle il écrivait. Je ne le cite que pour mémoire, car il n'apporte pas de documents nouveaux. Très opposé à l'avis de D. Germain, il prétend qu'Adrien de Valois a *prouvé* que l'on doit placer sur la rive gauche de l'Aisne le *Troslium* ancien.

Examinons maintenant les motifs qui militent en faveur de Trosly-Loire.

En l'an 909, les évêques suffragants de la métropole de Reims, se réunirent dans une assemblée où furent établis plusieurs décrets concernant la réformation du clergé séculier et de divers abus dans l'État (1). En 921, ce synode fut présidé, comme le précédent, par Hérivée, archevêque de Reims. Le roi Charles-le-Simple y assista. On y leva l'excommunication qui avait été fulminée contre Herbaut. On y traita plusieurs points de discipline concernant l'église. En l'année 924, l'archevêque de Reims (c'était alors Seulphe) présida l'assemblée. Le comte Isaac rentra en grâce près d'Étienne, évêque de Cambrai. Herbert, comte de Vermandois, comparut à cette assemblée et fut condamné à restituer divers biens qu'il avait usurpés; on y ordonna l'élargissement du roi Charles-le-Simple. Cette réunion avait eu lieu malgré l'opposition du

(1) En ce siècle, la barbarie, sous le rapport littéraire en France, était égale à la misère publique. L'abbé Lebeuf, dans son *Mémoire sur l'état des sciences depuis Charlemagne jusqu'au roi Robert*, rappelle que les abbés auxquels on présenta la règle pour la leur remettre en mémoire, étant incapables de la lire, étaient forcés de répondre : *nescio litteras.*

roi Raoul (1). En l'an 927, dans le concile, le comte Herluin se soumit à la pénitence pour avoir pris une femme du vivant de sa précédente épouse. D. Mabillon, qui se prononce en faveur de Trosly-Loire, s'appuie sur l'opinion de Sirmond qui fixe l'assemblée à *Trosleium*, près de Soissons, *paucis millibus distans ab Augustâ Suessonum.* Le savant bénédictin a soin de dire qu'il ne peut ici être question de Trosly-Breuil, voisin de Compiègne.

En 955, le roi Lothaire réunit à Trosly les états du royaume. Outre les affaires politiques, il y fut sans doute question de matières ecclésiastiques, car cette assemblée figure parmi les conciles. Le *placitum* désigné par Chifflet, d'après les titres de Tournus, est marqué *apud Trosliacum.*

Dom Germain habitait, comme on le sait, le monastère de Nogent, il avait donc eu toute facilité pour visiter à loisir cette localité et ses environs, et il forma son opinion en s'appuyant sur ses propres impressions. Plus loin (p. 157) il cite un diplôme du roi Zuentibold, de l'an 895, daté de *Droslei*, près la ville de Noyon (*Actum Droslei juxta Novionum civitatem.* Or cette désignation ne peut s'appliquer qu'à Trosly-Loire dont l'existence au xe siècle se révèle à divers titres. Swientopeck (2) roi de Lorraine, fils naturel de l'empereur Arnould, soutenait contre Eudes, comte de Paris, la cause du roi Charles-le-Simple. Il vint à cet effet mettre le siége devant la ville

(1) Flodoard, *Hist. Rem.*, c. 4, nomma le lieu de l'assemblée, *Troslegium;* en d'autres passages il écrit : *Trosleium.*

(2) Ce nom qui a été transformé en celui de Zuentibold est composé de deux mots slaves, *Swiento,* saint, sacré, *Petk*, peuple, nation. (Biographie universelle de Michaud).

de Laon. Eudes accourut pour s'y opposer. De son côté Zuentibold entra dans les états du roi de France. Le texte de l'acte précité prouve qu'il séjourna à Trosly-Loire.

Hervé, archevêque de Reims, possédait Coucy qui faisait alors partie du grand domaine donné à St-Remy et à son église par Clovis, et comme, au commencement du xe siècle il y construisait un château-fort (1) il était naturel que les conciles provinciaux se réunissent dans le voisinage. Trosly-Loire était dans cette condition.

De Quierzy, un large chemin offrant le type que j'ai nommé *mérovingien*, passait par le lieu où fut construit plus tard le monastère de St-Paul; il conduisait à Trosly et recevait deux branches, l'une au sud, venant de Cuts, l'autre au nord, sortant de Manicamp. Une autre route, partant également de Quierzy, passait près du village actuel, au lieu de *la Capelette*, cotoyait les terres au dessus des prairies de l'Oise, touchait à Manicamp et abordait l'Ailette au lieu maintenant nommé le *bac d'Arblaincourt*, là où, au moyen-âge, les puissants seigneurs d'Erblaincourt possédaient un château-fort entouré de fosses tracées en cercle, portant le nom de *Motte d'Erblaincourt*. Cette branche communiquait par Autreville et aussi par Bichancourt et Sinceny avec la partie de la route qui se prolongeait jusqu'à Rouy-Amigny, Servais, Versigny, Samoucy, Corbeni, touchait là d'une part au vieux chemin de l'Ardenne et d'autre part à la route qui

(1) Ceci établit une présomption en faveur de *Trosly-Loire*. M. Marville, qui habite Trosly-Loire et se complait à réunir tout ce qui peut servir à l'illustration de son pays natal, attache à ce fait une importance réelle. Je partage son avis.

se continuait vers l'Aisne et passait à Crécy et à Trosly-Loire. Il existait en outre de Trosly-Loire à Autreville un chemin de très-grande dimension, touchant au *Bodoast* (1). Le passage avait lieu au *Pondoast* près de l'Ailette. Une seconde branche située en amont traversait la rivière au lieu où sont les prés et le hameau de *Praast*. Qui ne reconnaîtrait dans ces trois dénominations le *bois*, le *pont*, les *prés* d'Auguste? Près de là se trouve effectivement la chaussée romaine qui, de *l'Augusta Suessionum* gagnait *l'Augusta Viromanduorum*.

La forêt de Laigue.— Lisga.

Si le nom de *Lisga* ne peut s'appliquer qu'à la forêt de Laigue, rien n'indique cependant où était la maison de chasse principale dans ces parages. Toutefois il existe plusieurs lieux souvent cités dans nos annales où les rois séjournèrent, chacun d'eux attenant à cette grande étendue de bois, et tous, sur des points différents de ce canton forestier. Ainsi, Choisy-au-Bac touchait à la partie méridionale, Maumaques, Pimprez, Bailly et Carlepont étaient situés à ses confins vers l'ouest. Caisnes était placé à l'est.

La forêt de Laigue était divisée en deux parties, d'après la disposition et la hauteur relative des terrains. Tout ce qui attenait à la vallée de l'Oise portait le nom de *Basse Forêt*. C'était la portion la plus étendue. La

(1) J'ai déjà cité dans mon mémoire *sur la chasse à la haie*, ce vers de Garin le Loherain qui montre quel était autrefois le mode de prononcer le mot bois :

L'empereres envoi ès bos berser.

partie qui touche à la plaine élevée du Soissonnais et garnit ses rampes, portait simplement le nom de *Forêt de Laigue.*

En pleine forêt *basse* de Laigue, entre Bailly et Maumaques, existe un village qui porte le nom de St.-Léger. Ce lieu mérite un examen spécial. D. Germain lui a consacré un chapitre, sous ce titre : *S. Leodegarius in bosco, in silvâ Lisgâ seu Lisicâ, ubi de Silvâ Aquilinâ* (1). Il le cite d'abord à l'occasion d'un passage de *Helgaut,* auteur d'une histoire du roi Robert, dans laquelle on lit que ce fut ce prince qui fit construire, au XIe siècle, le monastère de St.-Léger, *in sylvâ Aquilinâ.* Pour démontrer qu'il ne s'agit point ici de St.-Léger dans la forêt de Laigue, le savant bénédictin s'appuie, avec raison, sur le texte de la chronique de Morigny (1), qui raconte qu'en l'année 1129, le pape Innocent II étant venu inopinément dans ce monastère (2), on dépêcha en toute hâte vers Thomas l'abbé et Garin le prieur, qui étaient allés visiter un hermitage situé dans la forêt *Aquilina,* au-delà de St.-Léger. Ceux-ci étaient de retour à Morigny avant le point du jour. La forêt *Aquilina* ne pouvait donc être celle de Laigue, mais la forêt *Iveline.*

D. Germain cite également deux diplômes du roi Louis VI, datés l'un et l'autre de St.-Léger, *in silvâ Aquilinâ,* et déclare qu'il doute (et il aurait pu se prononcer plus nettement, car l'évidence est manifeste), que ces deux actes aient été signés à St.-Léger, dans la forêt de Laigue. De

(1) De re diplomaticâ, lib. IV, c. 77.
(2) Situé près de Sens (Yonne).

plus, le texte qu'il rapporte de la donation faite en l'an **1083**, par le roi Philippe 1er, aux religieux de la grande Sauve, de l'église de St.-Léger, *dans le bois de Laigue* (*in Lisga*), prouve évidemment qu'à cette époque elle ne portait pas le nom d'*Aquilina*. Puis l'auteur ajoute que Guillaume le Breton lui paraît avoir, le premier, donné à la forêt de Laigue le même nom d'*Aquilina*, et il cite le passage de la Philippide, dans lequel est relatée une vision que le roi Philippe-Auguste aurait eu comme il entendait la messe dans l'église de St.-Léger, en l'année **1180**, alors qu'il était âgé seulement de **15** ans.

D. Germain, pour fixer le lieu de ce miracle à St--Léger, dans *la Forêt de Laigue*, s'appuie sur les deux circonstances suivantes :

1° Le séjour fréquent du roi Philippe-Auguste à Compiègne (1), où il convoqua une assemblée publique (en l'an 1193), et en outre ses intérêts qui devaient le porter à surveiller le Valois et le Vermandois.

2° La teneur d'un diplôme daté de Compiègne, en **1184**, pour l'établissement de communes à Cerny, Chamouille, Beaune, Chivy, Verneuil-Courtonne, Bourg et Comin, selon les coutumes de Bruyères (2).

(1) *Hoc visum in Lisicensi sancti Leodegarii basilicâ potiùs quàm in Aquilinâ contigisse ut credam*, *facit in primis rerum status*, etc.

(2) M. L. Delisle, de l'Institut, a donné, dans une savante introduction au catalogue des actes de Philippe-Auguste, le tableau chronologique des séjours de ce roi, d'après les documents écrits. On voit qu'il était à St.-Léger-en-Iveline, en 1187, au mois d'octobre, puis on ne voit pas trace de son séjour dans ce lieu avant le mois d'octobre 1195. Mais il n'y a aucun acte qui se rapporte à l'année 1180.

Toutefois, je ne saurais me ranger à l'avis du docte bénédictin, bien qu'il m'en coûte de retirer à St.-Léger-au-Bois, dans la forêt de Laigue où se trouve également Ourscamp, et par conséquent dans mon voisinage, le titre historique rapporté plus haut. Je suis forcé de reconnaître que, malgré les apparences résultant des citations qui précèdent, c'est de St.-Léger-en-Iveline, près de Rambouillet, que parle le poéte. Le motif déduit par D. Germain des intérêts qui appelaient Philippe-Auguste à séjourner près du Valois et du Vermandois, ne se rapporte pas à l'année **1180**, mais à une date postérieure; c'est en **1184** et **1185** que ce prince habita fréquemment Senlis, Compiègne et Béthisy, ainsi que le démontre le relevé déjà cité de ses actes. L'auteur, d'après ce qui lui avait été rapporté, annonce que des vestiges d'une maison royale subsistaient encore près du prieuré de St.-Léger, en la forêt de Laigue (1), alors dépendant de l'abbaye de la Sauve majeure (2).

Aujourd'hui que le prieuré lui-même est entièrement ruiné et que des lambeaux de murs en indiquent seuls la place, on ne peut plus rien contrôler par l'examen, mais les termes mêmes de l'acte de la donation faite par le roi

(1) Porro hæc omnia satis indicant *Leodegarianæ villæ castrum sive regias ædes* fuisse adjunctas, quarum vestigia secus Prioratum à monasterio Silvæ Majoris etiamnum pendentem adhuc exstare mihi relatum est.

(2) Le cartulaire de la Sauve Majeure est conservé à la Bibliothèque de Bordeaux. On y trouve transcrit, page 409, le traité de la donation faite en la 23e année de son règne, par Philippe-Auguste à ce monastère, de la Chapelle de saint Léger, martyr, *cum omnibus appenditiis*. Il n'y a dans cet acte nulle indication de maison royale.

Philippe Ier, en l'année 1083, indiquent seulement un domaine rural qui devait appartenir au prince. Il consistait en *maisons, haies, charrues, clos de vignes, chars et charriots,* toutes choses qui appartenaient à l'agriculture.

Rien n'indique qu'il y ait eu à St.-Léger, au XIIe siècle, ni logis royal, ni château (*castrum*, suivant l'expression de Guillaume-le-Breton). Le roi Philippe-Auguste n'avait donc aucun motif pour venir entendre la messe dans la chétive église de ce lieu. Au temps de Philippe Ier, au XIe siècle, la royauté, si elle n'avait point encore acquis le développement de force et de grandeur que lui imprimèrent les rois ses successeurs, n'en était plus à cet état de simplicité barbare qui apparaît sous les rois de la race mérovingienne et se continue sous la dynastie carolingienne, du moins dans la contrée où avaient vécu presque constamment les enfants de Clovis. La grandeur et la somptuosité de Charlemagne font exception, il est vrai, mais ce nouvel état de choses n'apparaît bien évident que dans les parties à l'est et au bord du Rhin.

Il pourra paraître étonnant qu'un monastère situé dans la province d'Aquitaine ait été pourvu d'un prieuré en Picardie, mais le fondateur de la sainte maison était Géraud (Geraldus), né à Corbie, puis religieux en cette abbaye, plus tard abbé de St.-Vincent de Laon. Il avait abandonné la direction d'une abbaye où il ne pouvait, par suite de la résistance des moines, faire prévaloir une réforme nécessaire et vivait à la Sauve. Les religieux qui l'accompagnèrent étaient nés de familles nobles du Noyonnais et au voisinage de St-Léger-au-Bois, pour ainsi dire. Tel était Herloy, frère d'Yves, seigneur de Thorote, châtelain de Noyon; Gui, qui était, je le crois, de la famille des seigneurs d'Erblaincourt et vassal de l'évêque de Laon ; Thiezzon, châtelain de Coucy, seigneur de Nampcel, puis deux autres moines, Vautier et Lothier, nés dans le Laonnois. Le roi en accueillant ces hommes qui avaient abandonné le monde où leur rang était élevé, voulut, sans aucun doute, qu'ils pussent, dans la contrée éloignée qu'ils allaient habiter, retrouver, par suite de son bienfait, un souvenir de la terre natale.

Le mot Nevele, donné par erreur pour Yveline, avait porté quelques auteurs à s'attacher au nom de la ville de Nesle. Cette opinion est restée isolée et cela devait être, il n'y avait qu'une certaine analogie de nom qui permît de s'y arrêter un moment.

Il y a encore d'autres motifs. 1° On voit par les lettres du pape Innocent III à Octavien, cardinal d'Ostie (1), qui le félicitait de ses paroles et de sa conduite envers le roi (2), que ce pontife alla le trouver dans le château de St-Léger où restait le plus souvent la reine, et où les rois, depuis les temps anciens, avaient coutume de venir célébrer les fêtes principales (3). Ici, à côté du monastère existe une habitation royale ; il n'en est pas de même au lieu de St-Léger dans la forêt de Laigue. Il y eut bien un domaine dépendant de cette dernière localité, mais ce n'est pas à St-Léger même, c'est à Taillepied, autrefois Taillepé, que je traduis en latin *Tailliæ pedatura* ou *pedarium*, le domaine

(1) Lib. 3, epist. 16.

(2) Il s'agissait de son projet de répudier son épouse Ingelburge.

(3) Quoddam regale castrum videlicet sanctum Leodegarium, in quo reginæ frequentius consueverant antiquitus commorari et in quo celebrare festa principalia solent reges.

du bois, suivant les exemples fournis par Du Cange (1). Cette annexe de St.-Léger-au-bois touchait à la maison royale de Maumaques et en dépendait probablement à l'époque mérovingienne.

2° La forêt d'Iveline portait en l'an 615 le nom d'*Equilina*, bien rapproché d'*Aquilina*; elle est citée sous ce nom dans le testament de Bertrand, évêque du Mans. Il donna à son neveu cette église, et il légua à un autre des biens situés *in Stampense territorio secus Æquilinam.*

3° Comme St-Léger-au-Bois, dans la forêt de Laigue, portait aussi, en l'an 814, le nom d'Harbaudianisva, ainsi qu'on le voit dans le récit que fait Flodoard (2) du concile qui eut lieu pour les limites du diocèse de Noyon et de Soissons, je suis porté à croire, ainsi que je l'ai déjà indiqué (3), à l'existence d'un domaine qui appartint à Hermelandus ou St-Erbland, né dans le Noyonnais, principal échanson du roi Clotaire III. Ce pieux anachorète abandonna ses fonctions et sa famille pour se livrer aux

(1) Le mot *Podium*, puy, colline, ne peut trouver ici son application, car le terrain de Taillepied fait partie de la vallée de l'Oise. Quant au mot *Taillia*, taille, on le trouve répété sur les lieux mêmes. Il y a à la rive droite de l'Oise, près de Taillepied, un bois qui porte encore aujourd'hui le nom de *Bois de la Taille.* Du Cange définit ainsi cette expression: *silva cœdua.* Le nom de *taille* s'est conservé dans ces espèces de titres mi-partis, véritables chyrographes *sur bois*, formés d'un bâton en deux pièces qui servent encore à compter le nombre de pains, de bouteilles de vin ou de livres de viande livrés et reçus. Les crans faits en présence des parties servent parfaitement à régler les comptes: pour ces transactions simples, le moyen est excellent.

(2) Lib. II, cap. XVIII.

(3) P. 62 de mon mémoire sur Noviodunum.

austérités les plus grandes et fonda dans l'isle d'Aindre le monastère d'Indret (de Antro).

Ce fut lui sans doute qui fonda l'ancienne église dédiée à St-Léger en la forêt de Laigue. Car on le voit en établir une autre sous l'invocation du même saint, dans l'asile qu'il avait choisi en Bretagne.

4° Plusieurs actes du cartulaire d'Ourscamp, notamment celui qui concerne la fondation de ce monastère, en l'an 1129, désignent la forêt de Laigue sous le nom de *Lisga*, et le mot Aquilina n'y est jamais porté.

5° Les titres du prieuré de St.-Léger-au-Bois qui appartint jusqu'au milieu du XVIIIe siècle à l'abbaye de la Grande-Sauve, ne font aucune mention de l'*Aquilina silva*, mais ils mentionnent le mot *Lisga* (3).

Il y a donc lieu de considérer comme avéré que le récit de Guillaume-le-Breton se rapporte à St-Léger près de Rambouillet et non à St-Léger dans la forêt de *Laigue*, *près de Noyon*.

J'avais l'intention de parler d'Offémont qui fut, j'en ai la conviction, un oppide gaulois, et devint, pendant l'occupation romaine une annexe du camp d'Auguste à Tracy, mais comme ce lieu dont la situation est privilégiée, devint au moyen-âge un château féodal de premier ordre dont l'histoire demande de nombreux détails, il fera l'objet d'une publication spéciale. En outre il existe dans la série des possesseurs de ce domaine, une lacune qui s'étend du Ve au XIIe siècle; les seigneurs d'Offémont appa-

(3) Je les ai soigneusement compulsés dans le cartulaire de la Sauve Majeure.

raissent tout à coup sortant de la famille de Persan, près de Beaumont, sans que j'aie pu jusqu'à présent pousser avec succès mes investigations à une date plus ancienne.

J'écris ces lignes, précisément, pour appeler l'attention sur l'intérêt d'une communication dont le résultat pourrait m'amener à compléter cette monographie.

Je fais appel à cette bienveillante confraternité d'études qui porte les bons cœurs et les bons esprits à fournir aide et assistance à qui en a besoin. Ceux qui me connaissent savent avec quel bonheur j'ai toujours transmis tout ce qui pouvait venir en aide aux amis des études historiques.

Autreivilla. — Autreville.

Je traduis par ce nom, qui se rapporte à un village situé entre Coucy et Chauny, à cinq kilomètres de cette dernière ville, les mots *in Odreiâ villâ,* inscrits dans le passage du capitulaire déjà cité, qui défend au fils de Charles de prendre les sangliers et l'autorise seulement à chasser en passant : *porcos non accipiat et non ibi caciet nisi in transeundo.*

Je sais que D. Michel Germain s'est prononcé quant au lieu désigné dans le capitulaire, en faveur d'Orville, situé sur la rive droite de l'Authie, au voisinage de Doullens (1). A cette autorité si imposante il faut ajouter l'opinion analogue émise, il y a quelques années, par un

(1) Ordreia villa... posita est ad dextram Alteiæ ripam, æquali duorum milium spatio media inter Donincum seu Dulendium ad occidentem, et Alteiam vicum..... versus orientem.

honorable membre de la Société des Antiquaires de Picardie, M. l'abbé Bourlon (1). Quant à Adrien de Valois, il cite seulement Miræus qui s'était prononcé en faveur d'Orville, et n'examine pas lui-même la question.

Examen fait et des passages de nos anciens historiens et des deux localités, je suis arrivé à conclure que Autreville et Orville ont droit à être l'objet d'un examen distinct. A mon avis la ressemblance de noms a donné lieu à une confusion qu'il est possible de faire cesser. L'argument principal sur lequel M. Bourlon se fonde pour reconnaître *Odreia villa* dans Orville, consiste à lui appliquer un passage des annales de Hincmar (2), qui rapporte que Charles-le-Chauve, après avoir repoussé les Normands de la ville d'Angers, vint, au mois d'octobre 873, par les villes du Mans et d'Evreux et près du *château neuf de Pistes*, à Amiens, où il arriva aux calendes de novembre et que de là il se rendit *ad Audriacam villam*, en se livrant à la chasse dans les lieux circonvoisins et parvint ainsi au monastère de St.-Vaast où il célébra la fête de Noël, en l'an 874.

M. l'abbé Bourlon aurait pu citer un autre exemple, car dès l'année 867, le roi Charles-le-Chauve avait convoqué un synode à Troyes. Le 8 des calendes de novembre, il vint habiter l'abbaye de St-Wast, et pendant le temps

(1) T. IX de la collection des mémoires.

(2) Carolus... ejectis ab Andegavis civitate Nortmannis acceptisque obsidibus, mense octobrio per Cinomannis civitatem et Ebroicense oppidum, ac secus castellum novum apud Pistas, Ambianis kalendas Novembris pervenit. Indeque apud Audriacam villam ac circumcirca venationem exercens, ad monasterium sancti Vedasti pervenit, ibique nativitatem Domini celebravit, anno Domini 874.

de la chasse d'automne, se livra à ce plaisir tant à *Audriaca villa* que dans les lieux environnants (1).

Le nom de l'abbaye de St.-Waast, ne laisse aucun doute possible, c'était bien à Arras que le roi s'était rendu. Ce passage est venu déranger un thême qui, d'abord, m'avait semblé bon. En effet, j'avais recueilli dans l'ouvrage de Surius (Vie de St.-Vaast, 8 novembre) une légende qui me venait merveilleusement en aide pour en inférer qu'un monastère ou une maison de religieux de St.-Vaast existait anciennement aux environs d'Autreville, près de Chauny. (Voir note C.)

Saint Vaast, comme on le sait, assista saint Remy dans l'œuvre de la conversion de Clovis. On peut croire que ce domaine lui fut donné par le roi frank, son catéchumène. Cela étant, pensais-je, il aura servi à l'établissement de l'un des plus anciens monastères du nord de la France, et aura porté le nom de son fondateur; le souvenir de cette maison religieuse se sera perdu depuis lors, mais s'il subsistait encore au IXe siècle, il aura pu recevoir le roi Charles-le-Chauve dans l'une de ses excursions.

Ceci, on le voit, se prêtait aux probabilités; mais le nom d'abbaye sous lequel figure ce monastère dans le passage de la chronique à la date de l'an 867, et celui d'Arras, ne m'a pas permis de persévérer dans le sentiment que j'aurais voulu conserver, je l'avoue humblement.

Résulte-t-il de là qu'il faille transporter à Orville tous les

(1) Carolus synodum apud Trecas VIII kalendas novembris auctoritate Nicolai papæ indicit et causa venandi ac expendendi tempus in abbatia sancti Vedasti et in Audriaca villa ac circumcirca morari disponit.

séjours que les rois firent à *Odreia villa* ou *Autreivilla* ? Je ne le pense pas, car plusieurs circonstances viennent se grouper pour étayer, dans plusieurs cas, le sentiment favorable à la désignation d'Autreville.

Autreville et la forêt attenante, qui font aujourd'hui partie de la basse forêt de Coucy, sont situés au milieu, pour ainsi dire, de la plupart des lieux désignés dans le capitulaire de l'an 877.

On peut, les yeux sur la carte, remarquer la proximité des territoires boisés propres à la chasse. Une forêt touchait à l'autre. Celle des Ardennes n'était pas alors réellement séparée des bois de Samoucy.

Le vieux chemin qui passait à Corbéni reliait la forêt de l'Ardenne et la Charbonnière à la plaine haute du Soissonnais ; et, par les terres voisines du palais de Crécy-au-Mont, les rois et leur cortége pouvaient regagner Quierzy, en passant par Trosly-Loire et par la forêt de *Ligurium*.

Chaque étape de ce circuit est donc marquée par un séjour royal.

Plusieurs passages de nos annales nous montrent combien les rapports entre Autreville et les maisons du fisc situées au bord de l'Oise étaient prompts et fréquents, ce qui dénote leur voisinage. Ainsi, en 877, lorsque Louis-le-Bègue apprit la mort de son père, il résidait à Autreville (1). On le voit se rendant par Quierzy et Compiègne à Ver (*Vernum palatium*) et de là à St.-Denis. Le récit du chroniqueur ne comporte pas matière à supposition : la

(1) Annales de St.-Bertin déjà citées.

distance entre Orville et Quierzy est de plus de vingt-cinq lieues anciennes, et cette localité voisine de l'Artois n'est aucunement en rapport avec la direction vers Compiègne et St.-Denis. Les annales d'Hincmar s'accordent avec l'itinéraire direct du prince d'Autreville à Quierzy.

En l'année **878**, d'après le même auteur, Louis-le-Bègue célèbre la fête de la Nativité du Seigneur dans le monastère de St.-Médard ; de là il se rend *ad Audriacam villam*, qu'il ne quitte que pour aller célébrer les Pâques au monastère de St.-Denis. La 54e lettre d'Eginhard contient ce passage : *Quando (rex) ille de Audriaca villa ad Compendium reversus fuerit, tunc volumus ut ibi fiant presentatæ (eulogiæ secundum consuetudinem)*. Ces expressions ne parlent-elles pas en faveur d'Autreville ?

Orville et Autreville présentent l'un et l'autre des particularités topographiques qu'il convient d'examiner.

Le village actuel d'Orville a été construit sur l'emplacement d'une station romaine de médiocre importance. L'enceinte présente deux lignes parallèles éloignées de **140** mètres environ, s'appuyant au midi sur la rivière d'Authie et se terminant au nord par une partie demi-circulaire ; le rempart intérieur a été formé aux dépens de la terre d'un fossé, dont la profondeur primitive pouvait être de 8 mètres ; celui-ci fut converti plus tard en un chemin qui en a retenu le nom. Différentes ruelles ou passages y aboutissent. Vers l'est une portion de ce boulevard qui, du reste, n'offre aucune trace de maçonnerie, est restée intacte et démontre ce que devait être l'ensemble. Partout ailleurs, la terre a été dispersée dans les jardins intérieurs actuels. Au centre de l'espace circonscrit, une église de récente construction a remplacée l'ancienne qui datait, assure-t-on, du XIe siècle. Sur la place attenant à l'église et dans les caves des maisons voisines on a trouvé à diverses reprises des traces de substructions, des caveaux, des sarcophages, des médailles. Là était dit-on le château royal.

M. Demarsy m'avait, pour faciliter mes recherches, remis une notice rédigée par lui, après une visite qu'il fit à Orville, il y a quelques années. Ainsi qu'il l'avait remarqué, les terrains dans l'enceinte du village sont tourmentés et indiquent qu'ils furent autrefois couverts d'habitations. Il y existait plusieurs puits qui ont été comblés. Ça et là on voit des blocs de grès et des fragments de tuiles à rebords, de pierres ou de dalles bleues, débris de constructions faites avec des matériaux qui n'existent, en partie, qu'à une assez grande distance d'Orville.

A l'est du village, l'Authie forme un marais qui porte le nom de *la Pescherie*. Une retenue des eaux, là où est le moulin, devait permettre d'inonder à volonté le fossé d'enceinte.

A ces différentes marques, on reconnaît une localité dont l'origine, comme le nom, paraît remonter à la dernière époque de l'occupation de la Gaule par les Romains, et qui fut très-probablement habitée, au moins momentanément, par les rois des deux premières races.

Il existait alors autour d'Orville de vastes forêts qui s'étendaient au loin dans la direction d'Arras; ce qui ajoute une puissante considération en faveur de ce lieu comme maison royale au temps de Charles-le-Chauve.

De son côté Autreville offre, comme habitation princière au IXe siècle et comme maison du fisc dès l'époque gallo-romaine, deux témoignages importants. En premier lieu, un diplôme du roi Charles-le-Chauve, de l'année 867, daté du palais d'Autreville. Il est relatif à diverses donations faites par ce prince de la jouissance de moitié de divers biens (terres, vignes et domaines *(mansos)* (1), à la demande de son fils Karloman, qui était abbé du monastère d'Elnone, dont dépendait Barizis, tous deux fondés au VIIe siècle par saint Amand. On sait que l'attention des rois est naturellement portée vers les choses qui intéressent les lieux à proximité de leur séjour momentané. Or, les biens ainsi octroyés par Charles-le-Chauve sont tous au voisinage de Barizis ou d'Autreville. Ce diplôme, dont l'existence est constatée dans un inventaire des titres du cartulaire de St.-Amand et rapporté par les Bénédictins (2) à la date de 868, faisait sans doute partie des archives de l'abbaye de ce nom.

Il est impossible de savoir par quelles mains l'acte dont il s'agit passa lors de la disparition de ces titres précieux à la fin du dernier siècle; mais en l'année 1852 ce précieux titre fut déposé aux archives du département de l'Aisne, et le fac-simile publié par la Société des Antiquaires de Laon. On y voit le monogramme de ce Roi; il

(1) Cet acte est ainsi désigné dans la collection de Bréquigny : Diploma Caroli Calvi, quo terras quasdam dat monasterio Elnonensi, sitas in pago Tornacensi, ad vestitum; in pago Laudunensi, ad potum monachorum....

(2) Résidu de St.-Germain, Abbayes, t. I, p. 223. Bibl. imp., MS.

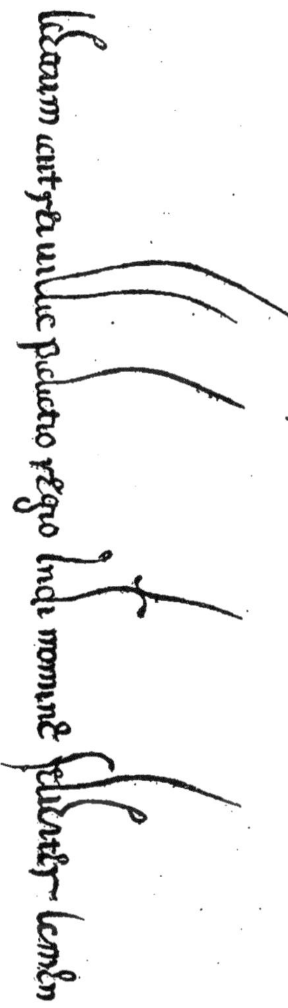

est suivi de ces mots : *Actum Autreivilla palatio regio in Dei nomine feliciter. Amen.*

Le second témoignage en faveur d'Autreville consiste dans l'existence en ce lieu (ou du moins dans une partie du territoire de Sinceny y attenant) d'une véritable forteresse qui porte le nom des *grandes* et *petites loges*, espace circonscrit que je regarde comme l'emplacement du *palatium Autreivillæ.* On voit, en effet, à l'extrémité nord *de la forêt basse de Coucy*, en un point qui touche à Autreville et à Sinceny, une enceinte quadrilatère de forme un peu irrégulière, présentant dans son ensemble une largeur de **130** mètres de l'est à l'ouest et **60** mètres de largeur du sud au nord, avec talus de **8** à **9** mètres de largeur et de **5** à **6** mètres de profondeur environ.

Un fossé, maintenant entièrement envasé, entoure complètement cet espace qui est divisé lui-même en deux parties à peu près égales par un fossé de séparation de même dimension que le fossé de ceinture.

Le nom de ces deux terrains enclos est significatif.

Je recherchai avec tenacité au territoire d'Autreville, s'il y restait quelques traces de *Palatium*. M. Lacroix, directeur de l'établissement de Chauny, mit gracieusement à ma disposition les titres de sa terre de Sinceny.

Je ne trouvai rien qui pût me mettre sur la voie, si ce n'est une petite garenne située sur ce territoire, portant aujourd'hui le nom de *Bois des Logettes*. Ce devait être le lieu désigné dans une charte de l'an 664, recueillie dans l'ouvrage de M. Pardessus : *Diplomata, chartæ*, etc., où il est question d'un lieu dit *les logettes*, donné à St.-Amand par le duc Foucaut.... *Nec non et locella nuncupata in Cinciniaco quam vir illustris Fulcoaldus dux per suam epistolam, cum jure et soliditate sua nobis pro anime sue remedio contulit.*

J'y retournai quelques semaines plus tard, bien décidé à ne pas laisser un coin du territoire d'Autreville et de la partie de la forêt basse de Coucy qui le borde, sans avoir fait une investigation complète. Cette fois, je fus doublement heureux. Je trouvai caché dans le fourré du bois de Coucy, et sur la lisière même du territoire d'Autreville, un terrain complètement entouré de fossés dont l'aspect me frappa. Un habitant du lieu qui avait bien voulu m'accompagner dans mon excursion, m'en apprit le nom, *les grandes et petites loges*. Dans le pays on regardait, me dit-il, ces fossés, comme étant *l'œuvre* d'anciens moines. J'en joins ici le plan, que je dois à l'obligeance de M. Lacroix.

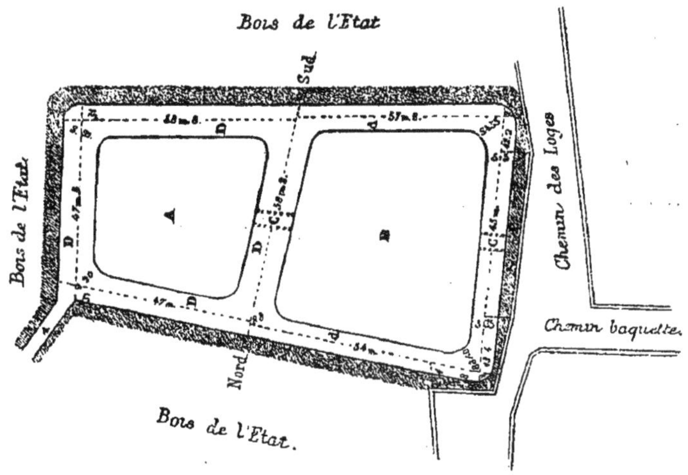

Les fossés alimentés par la *Mare Baguette* ont été creusés dans une masse d'argile qui ne permettait pas la déperdition de l'eau.

Le chemin vert, dit *des Loges*, qui borde l'enceinte à l'ouest, se présente ici dans sa largeur primitive, sauf les empiètements des riverains sur quelques points.

Il est impossible d'y méconnaître une ancienne voie des époques mérovingienne et carolingienne; celle-ci a été tellement envahie soit du côté d'Autreville et d'Erblaincourt, soit vers l'intérieur de la forêt de Coucy, qu'elle est réduite sur quelques points à la largeur strictement nécessaire pour le passage de deux voitures.

A proximité des *Loges* existe, dans l'intérieur de la forêt de Coucy, un lieu dit *le Trou de Maître Hourdoux*. Il s'y trouve une dépression de terrain qui seule peut fournir l'indication vague de l'existence sur ce point d'une de ces tours en bois qui servaient autrefois à la défense, et surtout à la surveillance des places fortifiées (1).

J'ai déjà indiqué la *belle Hourde* (2), qui était située au point de passage de la Dordogne, à Carlepont, près du château. Près de l'ancienne forteresse de Rouy-Amigny, il y a le *beau Hourd*, (*hordicium*, *crates lignea*, W. Brito.)

Il suffisait de quelques hommes armés de frondes, de lances, ou d'arcs et d'arbalètes, pour mettre obstacle aux envahissements des déprédateurs (3), car, ainsi qu'on peut le remarquer, ces infimes forteresses, impuissantes contre une armée ennemie ou des bandes telles que celles des Normands, avaient suffi pendant plusieurs siècles pour la sécurité des souverains eux-mêmes. Les flèches et l'huile bouillante étaient, comme

(1) Bibl. imp. Fl L. N° 6. Ms.

(2) *Mémoire sur Noviodunum*, p. 62.

(3) Bibl. imp., Ms. n° 6. F. L.

on le voit dans le dessin, les moyens usités pour se défendre. (1)

On sait que, sauf les querelles intestines des rois et des princes de la race de Clovis, et même à partir de l'avènement de Pépin, jusqu'à la seconde moitié du IXe siècle, il n'y eut dans le nord des Gaules aucune invasion étrangère.

Ce fut l'irruption de Normands qui, sur plusieurs points, apporta des changements dans le mode de fortifier les lieux de séjour, ou même les points de défense. Comme les palis ou palissades employés pendant assez longtemps pour former la défense extérieure, offraient prise facile au feu, l'on dut, après l'épreuve de l'insuffisance de cet obstacle, en adopter quelque autre plus résistant. De là vient l'origine des murailles en pierre qui furent substituées au XIe siècle aux barrières en bois. Cependant ces dernières étaient encore employées à une époque plus reculée; on en trouve la preuve dans le Roman de Raoul de Cambrai. A l'occasion du bruslement d'Origny, ce seigneur dit à ses hommes d'armes : *Baron touchiés le fû!* et ceux-ci *ardent* et les *palis* et les *sales*....

Dans un manuscrit du Xe siècle, dit d'Heldric (1), on trouve un tableau de l'attaque d'une *motte circulaire,* dont, sans aucun doute, les palissades étaient entourées d'un fossé extérieur de défense. Les assaillants sont armés les uns de lances; les autres de véritables arbalètes, les uns et les autres sont garantis contre les coups des assiégés par des

(1) Le dessin ci-joint est tiré du Ms. 303, S. Germ. latin, n° 303, Olim. 62. Commentaria Harmonis Episcopi Halberstratensis, in Ezechielem. La dédicace du livre est adressée par Heldric à ce prélat. Hoc pater Hildricus quod pinxerat ipse volumen suum dicavit......

boucliers de forme arrondie. Quelques-uns amènent et lancent des béliers portés sur un essieu monté lui-même sur deux roues.

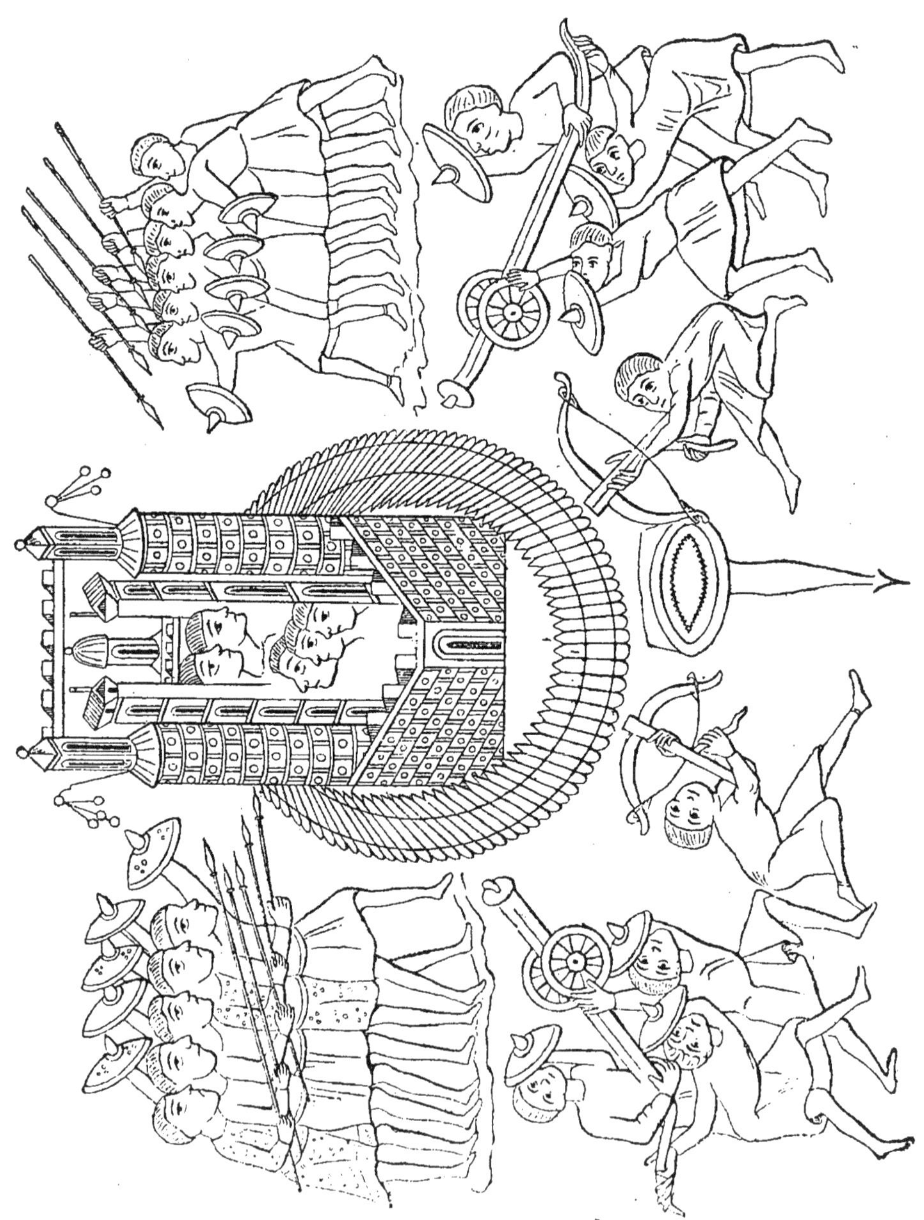

C'est ainsi que se présentait, sans aucun doute, *la Motte* située au voisinage *des Loges* d'Autreville, à 500 mètres environ au sud-est, près de la lisière de la forêt, à peu de distance de Pierremande. On y voit encore le fossé qui l'entourait ; sa largeur dépasse 8 mètres ; il est, à l'intérieur, muni d'un rempart fait au moyen du rejet des terres. Il n'y a aucune indication de l'existence d'un donjon au centre de l'espace circonscrit.

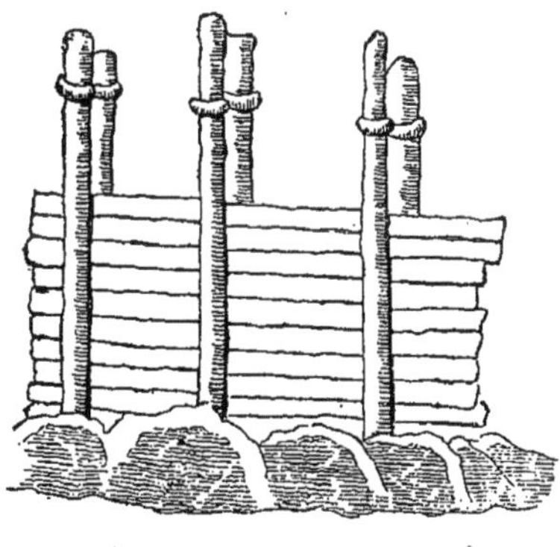

La forme des palissades variait. On en voit ici deux exemples. Ce fut un supplément qui ne fut ajouté que plus tard à la défense de ces places fortifiées d'abord par un simple fossé.

Celle dont je donne le calque remonte à l'époque la plus ancienne, et on peut lui assigner pour date le xe siècle et peut-être la fin du IXe

Le manuscrit n° 6 déjà cité offre le dessin d'une enceinte fortifiée dans laquelle outre les *Hourds* et les maisons qui paraissent bâties en bois, on voit un mur construit en pierre. C'est là un des plus anciens exemples des premières forteresses dans lesquelles on employa des matériaux résistants, au lieu des palissades.

Je crois qu'une fouille régulière, faite dans les enceintes des *grandes et petites Loges* et de *la Motte*, que la forêt a depuis longtemps envahies, et qu'elle couvre annuellement de feuillage et d'humus, amènerait quelques bons résultats. Déjà, à la superficie, j'ai rencontré des débris de tuiles plates *à crochet*, d'une épaisseur double de celles qu'on emploie maintenant. Bien que l'on ne doive point espérer trouver de substructions en pierre, il peut exister sous le sol des monnaies, des armes, des poteries, et d'autres objets d'art, se rapportant à une époque peu connue.

Il me reste à examiner les dispositions que présentent divers lieux dont les noms se retrouvent fréquemment cités dans les annales qui rapportent les évènements des périodes mérovingienne et carolingienne.

Ne pouvant adopter un classement méthodique, je suivrai l'ordre topographique en remontant la ligne de l'Oise, puis en me rapprochant du pays Laonnois.

Les Ajeux. — Hagiæ.

Le palais des Ajeux, dont le nom, dérivé de *haya*, haie, indique un rendez-vous de chasse, est situé près de Verberie et dans la vallée de l'Oise. Cette résidence royale fut créée par Charlemagne, qui y prodigua (1) les ornements et les richesses. Sa ruine date très-probablement de l'époque des invasions des Normands au IXe siècle. En

(1) Histoire du Valois par Carlier, t. I. p. 53.

1740, comme on reconstruisait une ferme dite de l'Abbaye, nom tiré, probablement, de la possession de ce domaine par les religieux de St.-Corneille de Compiègne, auxquels le roi Charles-le-Chauve fit un don en 877, peu de jours avant sa mort, on trouva, dans l'enceinte même et parmi des fondations souterraines, une grande quantité de débris de marbres, de mosaïques, etc.

Un canal nommé la *Conque* s'étendant de la Croix-St.-Ouen aux environs de Saron, amenait aux Ajeux un courant d'eaux vives. Aujourd'hui un fossé large et profond, de forme quadrilatère, marque l'emplacement et l'étendue de cette *villa*, qui date du haut-empire, car les débris de marbre sont très-rares dans les habitations de la dernière période gallo-romaine. Malheureusement l'historien de Valois n'a pas donné sur les objets trouvés au XVIIIe siècle les détails qui auraient éclairé leur date. Il faudra donc attendre une nouvelle fouille pour être fixé à cet égard.

Il ne reste aucune trace des maisons royales de Venette, de Compiègne et de Choisy.

Maumaques. — *Mamaccæ.*

Ce village, dont le nom a été transformé en celui de *Montmaque*, est assis sur la rive gauche de l'Oise au-dessus de Choisy et du Plessis-Brion.

Plusieurs assemblées tenues pendant la période mérovingienne, divers diplômes datés de ce lieu, indiquent, d'accord avec les chroniques, que les rois de la première race habitèrent fréquemment cette maison située dans une partie profonde de la vallée de l'Oise, dont lui vient son nom : *Malæ aquæ.*

L'emplacement très-probable de la Maison royale était au point nommé *Royal-lieu,* situé sur la rive gauche de l'Oise qui, dans ses déplacements, a entamé fortement une partie de l'enceinte formant un parallélogramme-rectangle limité par un fossé de 8 à 9 mètres de largeur, maintenant en partie comblé, mais qui dut jadis être en communication avec la rivière. On aborde actuellement la partie enclose couverte de bois par un pont en maçonnerie avec arches ogivales, qui paraît dater du XIVe siècle. De nombreux débris de poterie romaine et de tuiles à rebord, indiquent qu'il y eut là des habitations, une *villa,* le domaine d'un gallo-romain plus tard converti en un fief dépendant de Plessis-Brion, ainsi que le constatent divers titres conservés par M. le comte de Breda.

Rouy. — Rufiacum.

Ce lieu, maintenant annexé à Amigny dont il a été question précédemment, est situé sur la gauche de la vallée de l'Oise et séparé de la rivière par une large prairie. Au IXe siècle, c'était une forteresse d'une certaine importance dont le roi Charles-le-Chauve confia la garde au comte de Vermandois, Adelard (1), abbé laïc de St-Quentin, oncle de son épouse, la reine Ermentrude (2). Le roi voulait défendre ce point contre les Normands.

(1) Adalhardus, comes palatii sub Carolo Calvo. In capitul. Tit. LIII, apud Carisiacum, an. 877. *Nithardus.*

(2) Un diplôme de Charles-le-Chauve de l'an 853 en fait mention, *Hemeræus*, instrum, p. 28. On retrouve son nom dans un autre diplôme de l'an 863.

En l'an 855, ce prince, mécontent de voir les pirates ravager impunément les campagnes voisines de l'Oise, vint de Compiègne à Rouy ; il enleva à Adelard ses dignités (1) ainsi qu'à ses proches Hugues et Béranger, et les donna à divers autres seigneurs (2), puis il retourna à Senlis. Et pourtant ce même roi consentait plus tard à payer aux Normands un tribut de 14,000 livres d'argent. D. Germain, au mot *Rofiacum* (3) place à Rouy cette *villa* royale ; il ajoute qu'elle fut ruinée par les Normands. Dans les chroniques on indique qu'il existe un acte de Charles-le-Chauve rapporté par Doublet, daté *de Rufiaco villâ*.

Les traces de l'enceinte fortifiée de Rouy me paraissent subsister dans un terrain surélevé, de forme quadrilatère, qui occupe un espace d'à peu près un hectare, borné au nord par la prairie de l'Oise. L'eau d'une source servait à maintenir inondé le fossé maintenant défiguré. Un ravin profond ferme l'accès vers l'ouest. Un château construit au XVIIe siècle, y subsista jusqu'en ces derniers temps. Il ne reste de l'habitation qui avait été convertie en fabrique de fayence qu'une portion de bâtiment, maintenant à

(1) Inde (Compendio) ad Rofiacum villam veniens, Adalardo, cui custodiam contra Nortmannos commiserat ; sed et suis propinquis Hugoni et Berengario, quia nihil utilitatis contra Nortmannos egerant, collatos honores tollit, et per diversos eosdem honores disponit. *Annales Bertiniani*. Les annales de St-Vaast s'expriment sur cet Hugues en ces termes : Hugo contra Nortmannos nil prospere egit.

(2) Du Cange définit ces honneurs, *Beneficia seu prædia, quæ ad vitam viris nobilibus assignabantur ad militare servitium, à quibus feuda post modum profluxere.*

(3) De re diplomaticâ, p. 320.

usage d'un cabaret qui porte le nom de *Moscou*, dans lequel il serait difficile de trouver un point d'analogie avec la forteresse carolingienne.

Un puits, non loin de là, sur une petite place triangulaire, porte le nom de *Puits de la ville*. M. Méry, curé d'Amigny-Rouy, qui m'a gracieusement assisté dans mes recherches, m'a appris que l'on avait trouvé à plusieurs reprises sur le territoire de Rouy des médailles romaines et carolingiennes

Un bois situé entre ce lieu et Servaïs porte le nom de la *Fortelle*.

Le terrain actuellement couvert de bois qui se trouve près d'Amigny, se nomme *clos Bove*. On y trouve des débris de constructions romaines, tuiles à rebords, fragments d'amphores, etc.

Servais. — Silvacum.

Cette maison royale qui a porté divers noms, tels que *Silviacus, Silvagium*, qui ont pour base le mot *silva*, fut souvent habitée par Charles-le-Chauve à qui ce séjour plaisait et qui lui offrait toutes facilités pour la chasse. Plusieurs diplômes sont datés de ce lieu. Sa situation entre Quierzy et Autreville d'une part, et Versigny d'autre part et l'existence d'un prolongement du grand chemin vert qui relie toutes ces *villæ campestres*, ne laissent pas de doute sur l'emplacement de ce palais. L'analogie du nom de Villeselve (*Villa Silvatica*) avec celui de *Silvacum*, avait porté quelques auteurs à fixer dans cette localité la maison dont il s'agit. Mais un argument péremptoire s'oppose à cette donnée : Silvacum est désigné par l'annaliste comme appartenant au Laonnois (*in pago Laudunensi*) et Villeselve situé entre Noyon et Ham a toujours appartenu au Vermandois.

Villeselve présente du reste un intérêt particulier ; on y voit les traces d'un *castrum stativum* (1).

Le chemin de Rouy à Servais passait sur la lisière des terres hautes, et près de la vallée de l'Oise; une branche passait probablement à travers le bois de la *Fortelle.* Comme Servais présente l'emplacement de deux châteaux ou maisons anciennes d'une importance marquée ; les opinions ont été partagées sur la véritable situation du palais habité par Charles-le-Chauve.

Après examen de la localité, je reste fixé à cet égard.

Un terrain situé sur les terres élevées qui bordent à la gauche le cours d'eau qui passe à Barizis avant d'arriver à Servais, me paraît être l'emplacement d'un point occupé par les Romains, ainsi que le prouvent les nombreux débris de l'art gallo-romain qu'on y a trouvés.

Probablement, il y eut sur ce lieu même quelque habitation seigneuriale, car on y trouve aussi des constructions faites vers le XIVe siècle. En effet on y a découvert un grand caveau voûté qui ne peut être attribué qu'au temps de la féodalité.

Quant à l'emplacement de la maison royale carolingienne, je le reconnais dans une enceinte en partie enclose par des fossés, et divisée elle-même en deux partions, dont l'une à l'est, qui dut être le lieu de la

(1) M. Lecuyer, curé de Villeselve, a promis un travail spécial sur ce lieu. Il possède tout ce qu'il faut pour qu'il soit bon et intéressant.

métairie, renferme aujourd'hui un moulin alimenté par l'eau du ru de St-Gobain. L'autre portion, qui est à l'ouest, me paraît être celle où le palais était situé. Elle a servi à l'emplacement d'un château qui ne date que du XVIIe siècle. Le ru devait fournir l'eau pour maintenir les fossés complètement inondés.

Je n'ai pu obtenir de renseignements précis sur les constructions qui précédèrent l'établissement du château actuel.

Samoucy. — Salmonciacum.

Cette maison royale située à l'est et à deux heures de marche de Laon, passe pour avoir appartenu à la reine Berthe, qui était née dans cette dernière ville.

Pépin-le-Bref et Carloman y résidèrent à plusieurs reprises. Le dernier y célébra les fêtes de Pâques en l'an 766. Carloman y mourut en 771. Plusieurs conciles y furent assemblés au VIIIe siècle.

Ce lieu était parfaitement situé pour s'y livrer aux plaisirs de la chasse. Une forêt considérable l'entourait. Elle s'étendait d'Athies à Vaux-sous-Laon et se nommait la *Selve-Manoise*, qu'on peut traduire la *maison, le palais des bois*, et confinait à un massif forestier qui s'allongeait sur la vallée d'Ardon, entre Presle et Laon. Les moines de St-Martin de Laon, à qui Étienne de Bar, évêque de Metz, donna ces bois en 1139, en opérèrent en partie le défrichement.

La position du palais de Samoucy est restée parfaitement dessinée; on y voit deux enceintes accolées, entourées de fossés en partie conservés, et qui présentent deux parallélogrammes irréguliers. L'un, au nord, dut servir à l'emplacement de la métairie. Quant à l'autre enceinte dont le développement est un peu plus grand, et dont les fossés sont mieux entretenus, bien qu'à un point à l'est on les ait comblés, elle est en partie couverte d'habitations. Vers le centre on y a construit à la fin du XIIe siècle une église dont les murs sont faits en grés. Le presbytère y attenant, forme un prolongement du vaisseau principal.

Un marais qui touche vers le sud aux fossés, fournissait l'eau nécessaire pour les maintenir inondés. Il était autrefois empoissonné, comme l'indique son nom, inscrit sur la feuille du cadastre : *la Pescherie.*

Le fossé qui séparait les deux enceintes, est aujourd'hui marqué par l'existence d'une *rue basse.*

On a attribué le mot de *Salmonciacum* à la réunion des mots *sala*, maison, logis, salle, et *monceium*, butte, éminence. L'aspect du lieu justifie cette étymologie. On y trouve en effet une proéminence légère du terrain dans l'enceinte réservée, circonstance qui se remarque du reste dans quelques manoirs royaux, à cette époque (1). On ne peut attribuer cette dénomination à cette circonstance qui se présente à Samoucy, à savoir l'existence d'une *motte* dans la forêt au sud et à 500 mètres du village actuel.

Là où était le fossé intermédiaire on a établi un che-

(1) Nous avons, M. Tailliar et moi, remarqué cette disposition dans l'emplacement de la maison royale de *Lambres* près de Douai, où l'on sait que fut transporté le corps de Sighebert, assassiné à *Vitry.*

min pour la communication avec les terres à l'ouest de Samoucy.

Versigny. — Versiniacum.

Ce village de Versigny est situé au nord du chemin de Laon à Lafère, et à 8 kilomètres de cette dernière ville.

En l'an 779, Charlemagne résidait dans la maison royale de ce nom, *in villâ Versiniaco,* lorsqu'il y reçut les présents et l'hommage d'Hildebrand, duc de Spolète (1). En l'an 876, Charles-le-Chauve y fut atteint d'une maladie qui mit ses jours en grand danger (2).

J'ai cherché l'emplacement du palais et de ses dépendances. Je le trouve à l'est du territoire de Rogécourt, au point où le ru de St-Lambert forme la séparation de ce village et de celui de Versigny. On reconnait une enceinte quadrilatère dont la périphérie est marquée à l'est par le cours du ruisseau maintenant surélevé par une digue pour l'usage d'un moulin. A l'ouest et au nord deux rues profondes occupent visiblement la place des anciens fossés. On nomme ces rues, *le tour de ville.* Le terrain était enclos au sud par un vaste marécage depuis longtemps desséché et qui porte le nom de *vieux étang.* Ce parallelogramme rectangle offrant sur chaque face un développement de 160 mètres environ, était partagé de l'est à l'ouest en deux parties de dimensions égales, par un fossé qui reçoit encore maintenant l'eau qui s'écoule

(1) Dux Spoletanus cum multis muneribus in Villâ Versiniaco occurit ei. *Eginhardus.* De gestis Caroli magni.

(2) Carolus autem Versiniacum villam veniens graviter pleuretide est infirmatus, adeo ut vivere desperaret. *Hincmari annales.*

des terrains argileux sur lesquels est assise une tuilerie. Le palais était probablement placé sur une partie légèrement proéminente rapprochée de l'angle nord-ouest de l'enceinte située au nord. A l'extrémité opposée de la même enceinte, et touchant au ru de St-Lambert existent, entourés d'un fossé, des bâtiments construits en briques maintenant à l'usage d'une exploitation agricole. Le tout porte le nom de *vieux château.*

Je m'autorise de la parfaite ressemblance de l'enceinte dont je viens de tracer les limites, avec les dispositions des autres maisons royales des deux premières races, et de l'absence de toute trace semblable à Versigny même, pour en inférer que ce dernier lieu dont on trouve le nom dans l'histoire au VIIIe siècle, existait bien antérieurement à Rogécourt. M. H. Cocheris m'a gracieusement donné connaissance d'un acte où figure Nogent, localité voisine de Rogécourt, maintenant entièrement inconnue (1). Dans ce titre du XIIe siècle on cite une voie romaine qui se reliait sans doute avec le chemin romain de la capitale des *Remi* à *Augusta Viromanduorum.*

On trouve effectivement à Versigny un large tertre de forme ovalaire, portant le nom de *Château Julien.* On y a recueilli à diverses reprises des objets gallo-romains.

Bien que le *vieux château et la grande enceinte* fassent aujourd'hui partie de la commune de Rogécourt, il n'est

(1) Letaldus Frumage et uxor ejus patribus Templi concesserunt terram que est in territorio de *Rogiscurte*, ad nonam garbam, que est juxtà viam Romanam ex parte territorii de *Nongento*, an 1158. Confirmation des biens de la commanderie de Puisieux, par Barthelemy de Vir.

pas moins possible, surtout en présence de la disparition de *Nongentum*, que ces lieux aient autrefois dépendu de Versigny.

L'ancienneté de ce dernier lieu porte naturellement à voir dans Rogécourt l'établissement d'un domaine féodal, près d'un village implanté sur l'emplacement d'une localité remontant à l'époque romaine.

Le tracé du *chemin vert* entre Servais et Versigny est conservé dans une partie de son parcours. Toutefois, chaque année il est, sur un point ou un autre, envahi par les riverains. Il suffit pour en juger de comparer avec l'état actuel, à Versigny même, les dimensions de cette route accusées par le tableau cadastral exécuté il y a moins d'un demi-siècle. Près de Fressancourt, on trouve des parties bien conservées de cette large voie.

L'abbé Lebeuf a confondu Versigny avec Verzenai en Champagne. D. Mabillon le porte à Wissignicourt, entre Anizy et Prémontré.

D. Ruinard (1) établit sa situation à trois lieues de Crépy, ce qui est vrai, mais il ajoute à tort en *Valois*, il aurait dû dire, en *Laonnois*.

Dive et Divette. — Duæ Dives.

Lorsque Pépin-le-Bref mourut, le 24 septembre 748, le partage de ses états, tel qu'il l'avait établi, fut adopté par ses deux fils, Charlemagne et Carloman.

Cette division du royaume des Franks, qui peut être

(1) Collection des hist. de France par D. Bouquet, t. VI.

fixée par une ligne descendant en écharpe du nord-est au sud-ouest, était telle que Charles eut l'Austrasie et la Germanie en partie et Carloman la partie orientale de la France. On comprend ainsi comment Noyon appartenait à Charlemagne, et Soissons à Carloman. Les deux rois reçurent l'onction et la couronne le même jour (7 octobre 768), chacun dans celle de ces deux villes qui faisait partie de leur domaine particulier. Le point de partage fut certainement tracé entre l'Aisne et l'Oise, mais l'histoire n'a point conservé de traces de la délimitation. La partie à l'ouest échut à Charlemagne dont les états eurent leur plus grande étendue vers le nord, tandis que la portion formant le lot de Carloman eut au midi et à l'est son plus grand développement. D'après cette division on voit que la Neustrie fut partagée : l'Aquitaine fit partie du lot de Charlemagne. « Pépin, dit avec raison M. H. » Martin, voulut éviter le renouvellement des vieilles » rivalités de la Neustrie et de l'Austrasie, en morcelant » la première de ces deux régions. »

Au printemps suivant, Hunold ayant soulevé la province d'Aquitaine et la Gascogne, Charlemagne se mit immédiatement en route pour aller réprimer cette rébellion. Comme la contrée révoltée appartenait par portion à peu près égales aux deux frères, Charlemagne dut naturellement inviter Carloman à lui donner son concours.

Le texte du passage d'Eginhard ayant trait au rendez-vous qui eut lieu à cette occasion entre les deux rois, établit bien que Charlemagne se rendit en Aquitaine par Angoulême et Périgueux, mais il n'indique nullement que ce ne fut qu'au moment où il s'était rendu en Poitou, que

Carloman vint se joindre à lui. On voit seulement que l'entrevue entre les deux frères se passa dans un lieu nommé *Duas Dives.*

Carloman refusa de s'associer à son frère et retourna en France, *in Franciam.* Charlemagne poursuivit sa route, et bien que ses troupes ne fussent pas nombreuses, il triompha rapidement de l'insurrection.

Non-seulement les commentaires sur la position géographique du lieu des Deux Dives le placent sur des points opposés, mais le nom même varie. Ainsi on le trouve dans les annales de Metz, sous la forme de *Duos clivos.* Il est même transformé en *Ducischius* (1) par Duchesne, qui le place en Aquitaine. Du reste cet auteur ne cite pas les motifs qui l'ont porté à adopter ce mot ainsi modifié.

Quant à l'emplacement du lieu lui-même, D. Ruinart (2) le fixe au-delà du Rhin, toutefois il ne cite aucune localité à laquelle il entende appliquer le mot.

Fauchet pense que l'entrevue eut lieu en Poitou, il dit que c'est là qu'il faut chercher *Duas Dives.*

Pour moi, j'adopte le texte d'Eginhard qui doit être considéré comme l'auteur le plus accrédité, puisqu'il fut contemporain de cette époque, et mêlé aux évènements comme familier de Charlemagne. Je trouve dans le nom de *Dive,* commune du canton de Lassigny (Oise) et dans celui de *Divette,* hameau contigu, le lieu de l'entrevue entre Charlemagne et Carloman.

Je puise les motifs de mon opinion dans les détails to-

(1) Historiæ Francorum, t. II, p. 28; note sur les Annales de Loisel.

(2) Note T, p. 128, t. V. Collection des historiens de France par D. Bouquet.

pographiques concernant Dive et Divette, et mon sentiment se trouve corroboré par certaines circonstances historiques que je dois exposer.

Ces deux localités qui ont pris leur nom de la petite rivière de la Divette qui les traverse en partie, ont eu, chacune, de temps immémorial, et des seigneurs distincts et des églises particulières, l'une d'elles, celle de Dive était dédiée à St-Martin, quant à celle de Divette, elle n'est point, il est vrai, mentionnée sur le pouillé des bénéfices du diocèse de Noyon (1), mais il n'est pas un habitant qui ne connaisse, par la tradition, le lieu où était située l'église de Divette, disparue depuis très-longtemps.

Le même auteur cite Divette, jointe au Plessis-Cacheleu, comme un hameau dépendant de Dives.

L'église de Dives dépendait de l'abbaye de St-Eloi de Noyon et en dernier lieu de l'évêque de cette ville.

Dives est qualifié par Dom Labbé (2) « ancien village » où les rois de France ont donné beaucoup de biens à » l'abbaye de St-Eloi de Noyon. »

On assure; dit Sézille (Ms. sur Noyon) que c'est Charlemagne qui a donné la terre de Thiescourt et le bois de Wafaut, au voisinage de Dives, aux chanoines de Noyon, mais la preuve de cette donation manque.

En l'année 982 le roi Lothaire confirma à ce monastère diverses possessions (3) qu'il tenait de ses ancêtres Clo-

(1) *Colliette*. Hist. du Vermandois, t. III.

(2) Histoire manuscrite du doyenné de Chauny.

(3) Annales de Noyon, p. 924.

vis II (1) et Louis Ier dit le Débonnaire. Entre les lieux cités, on lit : *in Divâ villâ hospites cum vineâ et pratis, et cambâ et terris*. L'expression *Camba*, tour, indique l'existence à Dive, à cette époque, de fortifications, de moyens de défense, dépendant très-probablement d'un château considérable.

Une bulle du pape Jean XVI sollicitée par Lyndulphe, évêque de Noyon (2), confirma les donations faites au même monastère de St.-Eloi, et entre autres de terres à Dives, ainsi que d'une vigne sur la montagne (sans doute celle de Cuy), il y ajoute des terres autour de l'église et en plusieurs lieux de petites pièces de terre (3).

En 1220 Raoul de Moyencourt ensaisine l'hôtel-Dieu de St-Jean à Noyon d'un champ situé à Divette, et provenant des Moricans, seigneurs de Pont-l'Évêque. — En l'an 1248 Raoul de Divette, dit le *Jeune*, s'accorde avec le même hôpital au sujet d'une contestation sur certaines terres. Il est convenu que chaque setier de terre aura à payer la neuvième gerbe. — En 1312 (4), charte d'André, évêque de Noyon, qui donne consentement à la possession par le Chapitre de cette ville de la dixme de Dive, provenant d'un don de Florent de la Boissière, à la charge d'homme *vivant et mourant*.

Les noms de plusieurs seigneurs de Dive sont connus, D. Labbé cite en 1128, Odon ; en 1154, André ; en 1160,

(1) *J. Levasseur*, Annales de Noyon, p. 374.

(2) Terras in Divâ, vineam in monte, terras in circuitu ecclesiæ, quæ ad eam pertinent, et in plurimis locis minutas terras.

(3) Registre rouge de l'évêché de Noyon.

(4) Gallia christiana, t. IX, p. 1073.

Hugues, tous trois chevaliers. Fauchet nomme Robert du Castel en 1260, c'est sans aucun doute Robert de Dives, prieur de St-Blaise de Noyon, auquel Gauthier de Coincy, le célèbre poète, prieur de Vic-sur-Aisne, adressait ses vers, le priant de les juger, et de les faire orner de miniatures; ce qui prouve l'existence à Noyon, à cette époque, d'une école artistique et littéraire. — En 1273, Colard du Castel, en 1414, un autre Robert du Castel, possédaient la seigneurie de Dives.— Guillaume de Hangest fit foi et hommage en 1497; il avait épousé Aleaume du Castel. Jean, leur fils, donna son aveu en 1553. Il était fils de Joachim de Hangest et d'Isabelle de Montmorency (1). J. Levasseur cite messire Claude de Hangest, dit *de Divâ*, abbé commendataire de St-Eloi, en 1526 et années suivantes. Ce fut à lui que Calvin dédia ses commentaires sur le livre de Senèque *de Clementiâ*. En 1551, le 21 février, par arrêt du Parlement de Paris, Jean Bertrand, garde des sceaux en 1550, cardinal de Toulouse, de la famille du seigneur de Villeles, archevêque de Sens, fut adjudicataire des terres de Dives et de Cuy (2).

Le château de Dives occupé depuis le XVIIe siècle par la famille Langlois de Plémont, présente encore les traces d'un large fossé. Il y existe une tour dont la construction paraît remonter au XIIIe siècle, et un mur garni vers sa partie supérieure d'une galerie hourdée; mais les autres bâtiments appartiennent au XVIIe siècle seulement.

Le château de Divette est situé au milieu d'un étang

(1) P. 1329.

(2) Ms de Sézille, p. 538.

ou marais actuellement desséché. On reconnaît parfaitement l'étendue du remblais qui fut fait pour y asseoir des constructions en bois qui n'ont point laissé de débris.

Les *lieux-dits* indiqués par les feuilles cadastrales offrent de l'intérêt. Outre le hameau du Plessis-Cacheleux, on y trouve des tronçons de la *voie Valoise* qui établissait une communication entre les environs de Lagny et le chemin Gallo-Romain conduisant de l'Oise au *Mont de Noyon*. La rencontre avait lieu à l'Écouvillon.

Diverses habitations romaines avaient été élevées sur ce trajet. On a trouvé près du lieu dit le *Moulin à vent*, entre Divette et Thiescourt, diverses monnaies, des poteries fines et les restes d'un hypocauste consistant en larges tuyaux quadrangulaires.

Un fief de Dives porte le nom de *Royal*, (*Regalis*).

Un clos dit la *Maladrerie* fait partie de l'enceinte actuelle du château, et la borne à l'ouest.

Il y existe un lieu dit la *Motte*.

Tels sont les faits qui concernent Dives et Divette.

Carloman était de *nature revesche*, rapporte Fauchet; il était au moins soupçonneux, et l'avenir qui fut réservé après sa mort à sa famille que Charlemagne exclut du trône, démontre que ce n'était pas sans motifs.

Dives et Divette étaient situés, à la vérité, à proximité de Noyon, mais Carloman pouvait de Soissons se rendre directement en ce lieu par le chemin de Tracy-le-Mont et du Mont de Noyon, et aborder ainsi facilement le lieu de l'entrevue.

Par les motifs que j'ai exposés, je propose l'adoption de ce point comme représentant *Duas Dives*.

Habitations des Gaulois, des Romains et des Franks dans le Soissonnais.

J'ai eu souvent, dans le cours de ce mémoire, à parler des habitations mérovingiennes et carolingiennes, et à signaler leur peu d'importance, je crois devoir terminer mon travail par quelques détails sur le mode de construction alors usité.

Qu'il ne reste aucune trace des habitations des Gaulois construites en bois et en argile plaquée sur un clayonnage et couvertes en roseaux (1), comme les décrit Vitruve, il ne peut en être autrement de ces demeures faites de pareils matériaux. Les misérables chaumières de nos villages représentent encore aujourd'hui ce mode de bâtir que César nomme gaulois, *de more gallico*, par opposition au mode romain, *de more romano.*

Les colonnes triomphales de Rome offrent une représentation fidèle de diverses cabanes, ou maisons des *barbares,* les unes de forme circulaire, les autres établies sur un plan quadrilatère, quelques unes enfin faites de planches chevillées sur une membrure en charpente. Une ouverture réservée au sommet de la toiture livrait passage à la fumée du foyer (2). Dans la Gaule spécialement, le chaume remplaçait les roseaux pour couverture de l'humble cabane. Tacite (3) nous apprend que les mai-

(1) Luteas domos tegebant arundinibus. Nonnulli de luto et virgultis fecere loca... hirundinum nidos imitantes.;

(2) Les détails fournis par Priscus sur l'habitation d'Attila font connaître ce que pouvait être le palais d'un roi barbare.

(3) De Germania cap. XVI. Quædam loca diligentius inclinunt terra, ita pura ac splendente, ut picturam ac lineamenta colorum imitetur.

sons des Germains étaient faites de bois, et enduites entre les pièces de charpente de terre si nette et reluisante qu'elle ressemblait à une peinture avec traits de couleur. Si les Gaulois étaient habiles dans la pratique de quelques industries, s'ils possédaient une véritable science agricole, leur indifférence pour les commodités de l'habitation était extrême. Leurs incursions en Italie ne les portèrent point à faire usage des deux instruments les plus puissants de la force et de la civilisation, le fer et l'écriture.

Dans les contrées où la pierre propre à la taille est abondante et de facile extraction, comme dans le Soissonnais, les Romains ouvrirent pour la première fois les carrières et en tirèrent les matériaux des temples et des palais, des ponts et des théâtres dont les ruines n'ont pas encore disparu. Mais, et ceci fournit la preuve de l'état de misére où languissait le peuple Gaulois pendant cette longue période de la domination Romaine, l'exemple des Romains ne fut pas suivi. Ces constructions si solides et si majestueuses restèrent à l'usage exclusif (1) des dominateurs. Lorsque vint le temps de la décadence complète de l'empire, vainqueurs et vaincus, Gaulois et Romains, délaissèrent l'art architectural d'origine grecque. L'élément germain s'était infiltré peu à peu dans la masse de la nation, et l'on se bornait

(1) Le savant auteur de l'histoire de l'agriculture depuis les temps les plus reculés jusqu'à Charlemagne, M. V. Cancalon, a dit avec raison : « Le monde romain brille à son sommet, mais quand on scrute » au fond on voit que ce fut un gouvernement des plus odieux..., » inique et spoliateur du peuple gaulois. »

généralement à construire des maisons en bois, *de materiâ ligneâ*, en les isolant pour les préserver des incendies (1). Lorsque les rois Franks eurent pris possession de la province Soissonnaise, trouvant tout établies des habitations ou *prœdia* ou *villæ campestres* qui provenaient du fisc romain et de ses *procuratores fisci*, ils s'emparèrent de ces domaines épars sur la rive gauche de l'Oise et parfaitement entourés de larges fossés ou de fortes haies, *septa*. Il arriva sans doute aussi que des chefs militaires préposés à la surveillance du pays furent pourvus de ces biens qui portaient le nom de *fonds* ou *latifundia*. Ils y fixaient leur séjour, au moins pendant le temps de la chasse.

Sur d'autres points, dans ces mêmes parages, les successeurs de Clovis fondèrent des maisons royales, choisissant les lieux où des ilots ou des confluents établissaient de véritables fossés de défense.

Ces deux origines différentes donnent un caractère particulier aux emplacements qui sont restés dans leur forme primitive, quand depuis si longtemps toutes les traces de ces habitations, qui n'étaient pas dépourvues d'une certaine élégance, ont entièrement disparu.

La division des enceintes en deux *courts*, l'une pour l'habitation, l'autre pour la métairie, avait été signalée par Varron (2).

(1) Tacite, de Germania, cap. XVI.

(2) Chortes in fundo magno duæ sunt aptiores.

La traduction de Court pour *Curia*, employée par Bergier et Charles de Bovelle est erronée. Le capitulaire de Charles-le-Chauve (mars 856, art. 7) recommande aux *missi dominici* de rechercher où étaient les anciens palais *et villas et cortes*.

Telle était la villa gallo-romaine dont on découvrit les substructions près de Châteaudun. M. de Caumont (1) fait remarquer la position générale de ces *villæ*, qui étaient généralement abritées du vent, à proximité d'un ruisseau ou près d'une forêt, et n'avaient qu'un seul étage.

L'ouvrage de Strutt (2) offre le dessin d'une maison dont les petites fenêtres de formes circulaires paraissent être percées au milieu de *tableaux, tabulæ* (3), faits en mortier soigneusement poli (N° I); à ces ouvertures de minime dimension étaient adaptées des vitres qu'on ne savait point alors couler en larges tables. La corne débitée en plaques très minces ou les feuilles de gypse remplaçaient souvent le verre. Les Romains les plaçaient dans les treillis de pierre formant le corps des croisées. Le verre, comme on le sait, servait aussi pour la décoration des murs à l'extérieur et à l'intérieur. Je possède un échantillon de cette ornementation encore incrustée dans le mortier. Je l'ai recueilli dans les ruines d'un hypocauste, à Pitres, sur la rive droite de l'Andelle.

Les dessins de deux maisons (II-III), pris sur la tapisserie de Bayeux et gravés par les soins de mon ami M. Parker d'Oxford qui a bien voulu me les remettre (4), four-

(1) Abécédaire d'archéologie.

(2) Habitations anciennes en Angleterre.

(3) Dans la description qu'il fait d'une maison royale, M. Augustin Thierry a regardé ces mots *tabulæ eximiè politæ*, comme indiquant une menuiserie polie avec soin. Avec tout le respect dû à ce savant auteur, je crois que ces *tableaux*, expression encore usitée maintenant, pouvaient être des placards ou panneaux de mortier ou de stuc poli et colorié, résistant mieux à l'air que la boiserie.

(4) Voir son livre : Architecture of the midle age, p. 11.

nissent des exemples de la disposition de ces vitraux et de ces panneaux en enduit épais. Ce qui prouve que dans le XIe siècle on voyait encore des habitations offrant les caractères d'une architecture remontant au VIe siècle,.

et mise encore en pratique pendant la période carolingienne (1).

Les arcatures trilobées étaient construites en bois. On peut voir sur le dessin de la maison principale, que les *porte à faux* que l'on y remarque, sont incompatibles avec des arcs en pierre. Il en est de même de deux autres habitations royales exactement calquées sur le Ms. Fonds latin n° 6 qui sont ci-dessous (IV-V).

Les constructions qui surmontaient les arcades étaient en bois, bien que le dessin paraisse accuser une maçonnerie en pierres de taille. La barbarie de l'exécution et

(1) Les bibles de l'époque carolingienne présentent plusieurs exemples de maisons en bois avec *tableaux en échiquier* de couleurs variées.

le défaut de perspective pourraient induire en erreur ; mais, dans l'ouvrage de Strutt, on reconnaît clairement des édifices construits en bois ; en effet, des combattants placés dans deux barques s'attaquent mutuellement et les planches des navires sont dessinées comme les assises d'un mur. (N° VI.)

VI.

Ordinairement la charpente servant d'appui à la toiture était faite de pièces jumellées (F L, n° 6). (N° VII.)

VII.

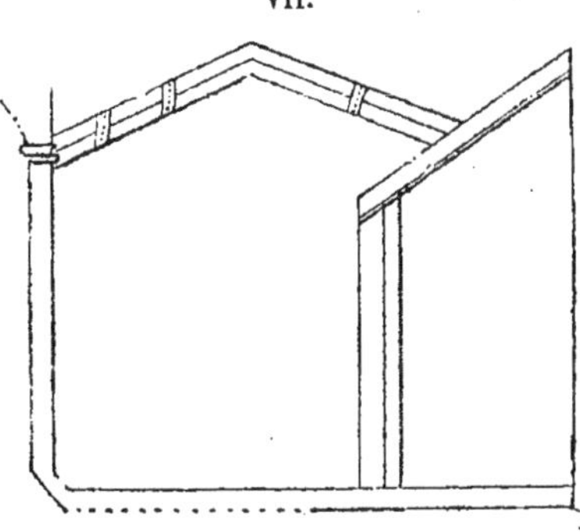

VIII.

Les églises furent généralement construites en bois depuis le VIe siècle jusqu'au XIe (1). Telle devait être la chapelle dont le dessin est également tiré du manuscrit cité plus haut (N° VIII). Cependant dès le IXe siècle on employait la pierre conjointement avec le bois. C'est ainsi que Charles-le-Chauve fit construire (2), près du monastère de St-Denis, un château fort.

Les décorations zoomorphiques employées pour les saillies et les points de jonction des pièces de charpente et des meubles (N° IX), les sculptures xyloïdiques de l'époque romane primitive, offrent un caractère frappant d'analogie avec les ornements et les bijoux des peuples du nord de

IX.

X.

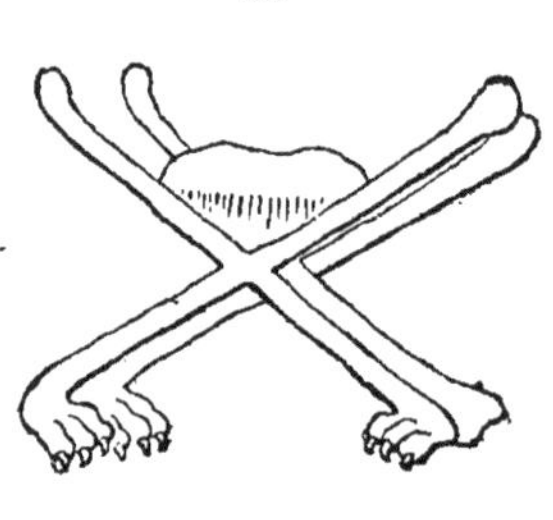

(1) *Ex charpenteriâ.* Telle était l'église de St-Winock. Bolland.

(2) Annales de St.-Bertin. *Ex ligno et lapide conficere cepit.*

l'Europe (1) et diffèrent complètement des figures naturelles ou fantastiques des animaux qui paraissent dans les décorations architecturales, ou les ornements qui appartiennent aux Grecs et aux Romains.

On sait que les sceaux royaux depuis le XIe jusqu'au XVe siècle, représentent les rois assis sur un siége dont les dispositions rappellent cette ornementation (N° X).

Je termine ici l'esquise bien incomplète d'un tableau qui aurait demandé à être traité avec de plus amples développements par un architecte archéologue. M. Viollet-Leduc a fourni sur ce sujet d'excellents articles à la Revue générale de l'architecture. Le Manuel de l'histoire de l'Architecture chez tous les peuples, par M. D. Ramée, renferme également sur ce sujet des pages très-intéressantes. Nous y renvoyons nos lecteurs.

P. S. — 1° Il y a peu de jours, ayant de nouveau visité avec MM. Garnier, Hyp. Cocheris, Mazières et le docteur Millet la chaussée romaine qui s'étend de Bétancourt au plateau supérieur qui domine à l'ouest la vallée de l'Oise, nous l'avons suivie en gravissant obliquement la rampe à partir de Cambronne, et gagnant après un trajet de 500 mètres la route directe qui conduit à Thiescourt par l'Ecouvillon, en passant près de la chapelle de St.-Albin (1). Nous avons trouvé l'ancienne chaussée inégale et complètement détériorée, couverte partout d'un gazon fin et serré. Sur plusieurs points le relief de la route nous a laissé voir en place soit un pavé composé de

(1) En Norwège, on les retrouve jusqu'au XIVe siècle dans les églises construites en bois.

(2) Cette fois, j'ai laissé à droite le chemin fréquenté qui conduit par un détour aux carrières de Montigny, et gagné plus loin par une nouvelle direction à gauche.

fragments parfaitement ajustés, soit le nucleus resté intact. Ailleurs un chemin latéral indiquait la nécessité pour les voyageurs d'abandonner l'ancien chemin dégradé. Sans aucun doute, c'est là le chemin qu'on trouve indiqué sur la table géographique de Peutinger, chemin d'*Augusta Suessionum* à *Samarobriva*, avec stations à *Rodium* et à *Setucis*. On comprend ainsi comment *Noviomagus* n'y est pas inscrit, mais seulement l'Oise (*Isara.*)

2°. M. Savry, agent-voyer en chef du département de la Marne, a publié dernièrement un mémoire sur la topographie des Gaules dans cette contrée. Parmi les détails fort intéressants contenus dans ce travail, se trouvent des indications sur divers embranchements *du chemin de la Barbarie*, tels qu'une vieille route passant par Vertus, Tour-sur-Marne et une autre existant près du camp de Louvières, etc. Je n'ai décrit que le parcours principal de cette importante voie de communication, gauloise d'abord, puis romaine, qui avait échappé jusques là à l'attention des géographes, et à Bergier lui-même. Je suis certain que les recherches locales amèneront encore d'autres découvertes qui complèteront cette donnée. La carte du dépôt de la guerre constate aux environs de Metz plusieurs tronçons de cette ancienne route de la Barbarie, portés comme des chemins romains.

NOTE A. (PAGE 47.)

Une religieuse, *matrona*, nommée Vivète, issue d'une famille distinguée de la Flandre, passant près de Nogent, envoyée qu'elle était par sa supérieure vers un couvent de la Germanie pour traiter une affaire importante, était venue offrir ses hommages respectueux à Godefroid, le pieux abbé de ce monastère. Elle devait passer à son retour dans une forêt située entre *Quierzy* et *St.-Paul-aux-Bois*, lieu redouté, car ces bois étaient infestés de voleurs (1). Elle s'y était à peine engagée avec sa suite, qu'une troupe de ces brigands vint fondre sur l'escorte, s'empara des bagages, des provisions et des chevaux, conduisit dans une prison les serviteurs et abandonna la dame au milieu de la forêt. Celle-ci, toute en larmes, retourna vers Godefroid qui se mit sur le champ en prières devant l'image vénérée de la Mère du Christ. A cette heure même les portes de la prison où ces malheureux avaient été jetés s'ouvrirent d'elles-mêmes et le jour n'était pas encore venu qu'ils étaient déjà de retour à Nogent, conduits miraculeusement à travers cette forêt épaisse et parsemée de bas-fonds marécageux.

Vivète retourne près de l'abbé. Maitenant, elle l'implore pour recouvrer tout ce dont les voleurs s'étaient emparés. Le saint homme se rend à la forêt. Il les menace des flammes *du Tartare* s'ils ne restituent ce qu'ils ont dérobé. Ceux-ci, loin de se rendre à ses exhortations, courent à la prison, disposés à faire un mauvais parti aux prisonniers; mais trouvant les portes ouvertes et la prison vide, ils retournent consternés vers Godefroid, confessent en sanglotant leurs

(1) In sylvam ingressa est, quæ inter Cirisiacum et S. Paulum interjacet, quæ per id tempus ob prædas et latrocinia admodum infamis habebatur, quòd plerique omnes, qui eam intrassent, aut jugularentur, aut captivi in carceres abducerentur.

crimes, et restituent tout ce qu'ils avaient enlevé, sauf un couteau, dit le narrateur; et encore l'avaient-il perdu. L'homme de Dieu, de retour à Nogent, remit ces objets à la matrone qui lui en témoigna très-vivement sa joie, et il l'invita à accepter dorénavant, d'une âme plus égale, la bonne comme la mauvaise fortune.

Ce que je viens de rapporter fournit un nouvel exemple d'une question topographique résolue incidemment par un récit d'ancienne date.

NOTE B. (PAGE 51.)

Trosly-Loire et Crécy-au-Mont faisaient partie du pays du *Mège* ou du *Mègre*. Nous n'avons pas de documents qui établissent les véritables limites de ce pays et l'origine de son nom. La tradition et la légende en reportent la formation au temps où St.-Remy reçut, en don de Clovis, un territoire qui devait comprendre tout le terrain qu'il pourrait parcourir, en le circonscrivant, pendant que le roi se livrerait au sommeil, *in medio die*. La course du saint fut rapide et le sommeil merveilleusement long, car les terres comprises dans l'enceinte tracée par le saint archevêque s'étendaient, assure Dormay, jusqu'à Lœuilly et peut-être, a-t-on ajouté, jusqu'à Anizy, qui devint, à la mort du saint, un domaine de l'église de Laon. D. Germain (*verbo* : *Codiciacum*) cite une lettre de Barthélemy de Vire, évêque de Laon, suivant laquelle St.-Remy aurait acquis la terre du Mège des rois franks; voici le passage : *Beatus Remigius merito sanctitatis suæ terram, quæ Megium dicitur, in quà est castellum Cociacum, à principibus Francis acquisivit, et in vità suà obtinuit. Post cujus gloriosum transitum... Milites qui Cociacum obtinebant, à monachis sancti Remigii impetrarunt, ut Cociacum castellum sub censu sexaginta solidorum annuatim persolvendorum obtinerent.*

La légende rapportée par Dormay (1) sur l'origine de la circonscription de ce canton dont les limites n'ont pas été bien définies,

(1) Histoire de Soissons, livre 3.

n'y comprend pas Anizy. D'autres auteurs l'y placent cependant. Saint Remi, dit cet auteur, à la prière des habitants de ces parages qui se plaignaient que le fisc *leur fît payer de grosses estreines*, demanda à Clovis qu'il lui en octroyât le don *pour luy ou pour ses clercs*: ce que le roi lui accorda tout de suite. Hincmar et Flodoard rapportent la légende que j'ai citée plus haut. Ils disent que saint Remi étant monté à cheval, forma un grand circuit dont on voyait encore les bornes de leur temps. A Chavignon, les habitants voulurent s'opposer à son dessein et arrêter le saint dans sa course. Pour punition de ce méfait, l'évêque de Reims leur lança cette malédiction: *Travaillez toujours et ne soyez jamais riches*. La roue du moulin de ce lieu se mit dès-lors à tourner à l'envers, au désespoir de l'incivil meunier. Quoiqu'il en soit, ces biens furent véritablement donnés par Clovis à saint Remi, qui, par son testament, les légua à l'église de Reims à laquelle ils appartenaient encore au xe siècle, quand l'évêque Hervée fit construire le château de Coucy.

Dans la vie de saint Remi, par Hincmar (2), on lit que le roi Pépin, père de Charlemagne, ayant voulu prendre possession d'un domaine de l'évêché de Laon, nommé Anizy, vint y demeurer. Un jour, comme il y dormait, saint Remi vint à lui, en disant: Que faites-vous ici? *(Tu quid hic facis?)* Pourquoi êtes-vous entré dans cette *villa*, qu'un homme plus dévot que vous m'a donnée, *(quam mihi homo te devotior dedit,)* et que j'ai moi-même abandonnée à l'église de madame la Sainte Mère de Dieu? Alors il le frappa d'un fouet assez durement, de telle sorte que son corps portait ensuite des marques de meurtrissures. Quand saint Remi eut disparu, Pépin se leva, et, saisi d'une fièvre violente, il quitta au plus vîte ce domaine.

Berthe, épouse de Ricuin, à qui Charles, frère de Louis, roi de Germanie, avait donné cette partie du domaine de l'évêché de Reims, était venue se reposer à Leuilly; saint Remi vint par trois fois pour lui enjoindre de quitter ces lieux. Celle-ci, regardant cette apparition comme une vision sans importance, n'en tint pas compte. Enfin, le saint la frappa d'un fouet qu'il tenait à la main. Elle en eut le corps

(1) C. 67 et 71.

tellement meurtri, qu'elle mourut peu de jours après. Son mari lui fit donner la sépulture dans l'église de St.-Remi, à Reims.

La mesure du Mège contenait 34 ares 34 centiares et comme mesure de capacité, 44 centilitres.

Ce nom de pays du Mège s'appliquait également à un petit canton du Vermandois dans le bailliage de Péronne, renfermant une trentaine de paroisse parmi lesquelles : Quivières, Morchain, Marché-le-Pot, Doingt, Mont-St.-Quentin, Monchy, Tertry, etc. Ce canton était borné à l'est par le pays Hamois, au midi par le marquisat de Nesle, au couchant par le Santerre et au nord par l'Arrouaise.

Le journal, mesure agraire de ce Mège, n'est que de 26 ares 66 centiares. Le pied de 10 pouces 3/4.

M. l'abbé Decagny croit que les noms des pays dits de Mège pourraient bien indiquer des domaines qui furent royaux dans le principe.

Roquefort définit le Mégier, *Megerius*, un fermier, un métayer.

NOTE C. (Page 68.)

Je rapporte sommairement cette légende pour qu'on puisse juger de l'apparence qui s'offrait d'abord en faveur de cette donnée.

Un paysan du village d'Amigny, au diocèse de Laon, scandalisé de voir ses voisins ravager, comme des Madianites, les terres d'un domaine nommé *le fonds de St.-Vaast*, sur lequel les religieux de l'abbaye de ce nom ne pouvaient, attendu l'éloignement, exercer la surveillance nécessaire, vient à pied à Arras, où les religieux qu'il avertit de cet état de choses, accueillirent assez mal l'avis qu'il leur venait donner. Ainsi rebuté, cet homme se rendit près du tombeau du saint. Hélas! lui dit-il, si la tombe qui couvre ton corps, comme chacun le sait, ne t'empêche pas de voir ce qui se passe et si tu jouis d'un grand crédit dans le Ciel, pourquoi ne défends-tu pas tes prairies, tes vignes, livrées par des mécréants au pillage? Aies pitié de nos larmes. Il avait étalé sa besace sur l'autel, et, plein de foi, il attendait que son vénéré patron exauçât son vœu. Soudain le sac se gonfle comme une outre; en le touchant on aurait senti de la chair et des os. Le paysan s'empresse de retourner chez lui portant ce précieux fardeau. Arrivé au *fonds de St.-Vaast* à Amigny, il le dépose au milieu du champ : Vois, dit-il, ô grand saint ! comme ces bestiaux ruinent sans pitié ton domaine ! A l'instant, ces animaux qui paissaient tranquillement, entrent en fureur, grincent les dents, et, s'attaquant les uns les autres, ils se détruisent mutuellement. Les gardiens eux-mêmes sont atteints d'une langueur subite et plusieurs d'entr'eux succombent. Depuis lors, le *fonds de St.-Vaast* fut universellement respecté.

Amiens. — Imp. Ve Herment, place Périgord, 3.

CASTRUM-BARRUM.

SUITE AUX

RECHERCHES DE M. PEIGNÉ-DELACOURT.

A peine la publication du supplément à mon Mémoire sur l'emplacement de plusieurs lieux de l'ancien Soissonnais est-elle achevée, qu'il se présente de nouveaux matériaux pour une suite à donner à ce travail.

Il s'agit aujourd'ui du *Castrum Barrum*, sur lequel je m'exprimais ainsi dans ma première dissertation (1) :

L'autre branche (de la route gauloise romanisée), celle qui figure sur la table de Peutinger, d'Augusta Suessionum à Samarobriva, avec passage indiqué sur l'Oise (Isara), touchait à l'Oise à peu de distance au-dessous de la Malemer. Ici la rivière est guéable aux basses eaux. Un bac

(1) T. XIV de la collection de la Société des Antiquaires de Picardie, 1856, p. 21.

de petite dimension suffit aujourd'hui aux communications entre les villages voisins, situés sur les deux rives. On le nomme le *bac à Bellerive ;* il est inscrit sous ce nom sur la carte du dépôt de la guerre et sur la feuille du cadastre à Cambronne. Il y a 200 ans, les cartes géographiques le nommaient encore le *bac à Bairi* ou *à Berry* (1). Au milieu du dix-huitième siècle le redressement de la route qui fut entièrement tracée sur la rive droite de l'Oise, ôta toute importance au passage du bac à Berry. *Ce point dut être, de toute ancienneté, affecté aux communications directes du pays des Rèmes et des Suessions, avec les pays habités par les Bellovaques et les Ambiens.*

La sécurité exigeait que ces lieux de passage obligés, soit des rivières, soit des défilés, fussent à l'abri d'un coup de main ; aussi les Gallo-Romains les entouraient-ils de ces fortifications qui conservent le nom de *Barres.*

C'était dans le territoire compris entre le Bac-à-Bairy, où aboutit une route qui depuis le pont romain jeté obliquement sur l'Oise, près de la Malemer, et le parc du château de Béthencourt, à l'ouest, qu'il fallait trouver le *Castrum Barrum,* sans dépasser la chaussée romaine, *perré* ou *pierré,* que j'ai signalée dans mon dernier mémoire, c'est-à-dire la route qui passe près du Mont de Noyon, et gagne Roye, puis Amiens, etc.

J'avais été frappé depuis longtemps de l'existence de deux lignes droites de terrain qui, jointes à un large fossé, formaient un espace de près de 200 mètres, constituant

(1) Le *De re diplomaticâ*, c. 85, cite sur ce point le *Berium vicus* (le bourg de Bairi).

au sud une sorte de rempart parfaitement séparé du champ de *Louvet*, et se continuant à l'est par un retour à angle droit. L'exposition du lieu me paraissait merveilleuse pour la sécurité d'un camp, borné à l'est par l'Oise au sud par le Matz qui y a son embouchure.

Jusque-là, j'avais en vain cherché sur le sol des restes de poteries et de tuiles, indicateurs des établissements romains; le gazon couvrait toute la terre, rien n'apparaissait à la superficie.

D'un autre côté, je n'avais rien obtenu de mes interrogations près des habitants du hameau de Béthencourt. Toutefois, je ne me rebutai point, et je résolus de retourner sur les lieux et d'exanimer de nouveau les terrains du parc et de ses alentours. Je priai M. Gossard, de Ribécourt, de m'accompagner, et nous visitâmes attentivement toute la partie comprise entre la grande route de Compiègne à Noyon et le point où se trouve *le bac dit à Bellerive.*

Une circonstance fortuite nous servit à point dans nos recherches. Un homme procédait sur le terrain même à l'abbatis d'un arbre; il avait creusé le sol pour couper les racines; des débris de tuiles dont plusieurs à rebords ou courbes, s'y trouvaient à foison. Il y a plus: dans la partie est du *castrum* romain traversé par le railway, chacun pourra reconnaître plusieurs assises d'un pan de mur construit en moellons cubiques, et une maçonnerie liée par du ciment romain.

Dès-lors, il n'y avait plus à douter de l'existence d'un établissement romain sur ce terrain si bien circonscrit. Nous avions emmené avec nous le jardinier de M. le comte de Béthune, propriétaire du château; nous le pressâmes de questions ; cet homme se souvint enfin qu'à l'époque où fut construite la ligne du chemin de fer du Nord qui longe le parc à l'est, les ouvriers avaient trouvé un souterrain creusé dans le tuf, et des pierres taillées présentant des ornements ou dessins divers, et qu'il avait enfoui l'un de ces blocs. Sur notre demande, il se munit d'outils et fit une fouille qui mit à jour un tronçon du fût d'une colonne en pierre de taille ayant 43 centimètres de diamètre, offrant des imbrications lancéolées absolument pareilles à celles qui se voient à Sens, Champlieu, Noyon, Longueau etc., appartenant toutes à la sculpture architecturale de l'époque des Antonins. D'autres blocs pareils ont été rejetés dans le talus du chemin où ils gisent actuellement.

Il suffit de l'échantillon mis à jour, et conservé par hasard, pour affirmer que des habitations romaines ont autrefois couvert le sol, et que ce poste militaire permanent était pourvu d'une maison ou castre prétorienne construite avec luxe et ornée de colonnes sculptées, dont la hauteur doit approcher 4 mètres 50 en y comprenant la base et le chapiteau.

Un nouvel examen fait en présence de MM. les abbés Santerre et Lecot, de MM. Audebert, Mazière et Milet, nous a fait découvrir des tuiles intactes de la plus grande dimension (50 centim. de haut sur 38 centim. de large et du poids de 12 kilog. 500.) et des portions de murs en moellons alternant avec des lits de briques plates.

A l'angle sud-est, nous avons trouvé les parties basses d'une chambre dont les murailles conservées à quelques centimètres de hauteur étaient revêtues d'une couche de ciment avec un enduit épais en forme de stuc. Le sol était composé d'un blocage noyé dans un ciment rougeâtre, le tout également couvert d'un mortier de couleur grisâtre. D'autres pièces étaient sans doute ornées d'un pavage blanchâtre présentant une bordure rouge clair, et deux filets colorés en rouge brun. Un échantillon que j'ai trouvé dans les débris nous en fournit l'indication. Les restes d'un hypocauste apparaissent ; un assez grand nombre de fragments de tuiles plates, présentant des stries sur une de leurs faces, démontrent que ces conduits destinés, comme on le sait, au passage de l'eau pour les bains et de la fumée, étaient fixés par ces rugosités dans le massif de la maçonnerie.

Ici, comme partout où séjournèrent les Gallo-Romains, on trouve leur nécropole obligée. Une enceinte qui porte aujourd'hui le nom de Fond-Moine ou Courtil-Fauquenberg, renferme des sarcophages. M. Graves, dans la notice archéologique du canton de Ribécourt, signale plusieurs découvertes de ces tombes qui toutes s'élargissent vers la tête.

Pour ma part, j'y vois l'emplacement du *Castrum Barrum*, et je crois que d'autres indices viendront bientôt confirmer le sentiment que j'exprime. La position relative de ces lieux fait reconnaître une situation parfaitement convenable pour la défense du passage de l'Oise, et pour la réunion des deux parties de la route qui viennent y aboutir de l'est et de l'ouest.

Une portion de terrain située au Sud de l'enceinte porte le nom de *Calipet ;* des débris de construction s'y trouvent aussi, et on a retiré de ce lieu des blocs formés de briques et de tuiles agglomérées par l'action d'un violent incendie.

J'ai sous les yeux une charte que j'ai extraite du cartulaire de l'abbaye de la Sauve-Majeur (conservé à la bibliothèque publique de Bordeaux). Elle est relative au prieuré de Saint-Léger-aux-Bois dont le territoire est contigu à celui sur lequel était assis le *Castrum Barrum* ou le Camp de Bar. C'est un titre du XIIe siècle intitulé *de comparatione molendini de Berriva*, qui me paraît la contraction de Barrivadum (le gué de Bar) ; il fut donné par un seigneur, Odon de Dives, ainsi qu'une terre qui était adjacente au moulin de Barbedavesne (*molendino de Barbadavesna*) totalement inconnu maintenant. Cette donation fut faite en présence des seigneurs Philippe de Traci et Raoul *le veneur* de Torote. Un autre acte relatif à celui-ci fait voir que ce moulin portait le nom de Bellerive, *de molendino de Bellariva.*

Cette découverte vient appuyer l'opinion que j'ai émise du passage sur ce pont de la route gauloise romanisée d'*Augusta Suessionum* à *Samarobriva ;* et d'autre part, elle explique un point d'histoire jusqu'à présent resté dans l'obscurité; celui de l'emplacement de ce *Castrum Barrum* où se rendit Childéric, rappelé par le vœu des Francs fatigués du joug des Romains et de la royauté d'Egidius.

Les annalistes anciens nous disent que Viomade vint jusqu'à *Castrum Barrum* au-devant de Childéric et que les habitants le reçurent, *Barrenses receperunt eum ;* mais cette indication vague laissait aux commentaires le champ libre, de là vient la diversité des opinions sur l'emplacement de ce camp.

Si l'existence d'un *castrum* romain à Bairi ressort de la découverte que je signale, on aura fait un grand pas vers la solution de ce problème de géographie ancienne. La thèse que j'ai soutenue en faveur du camp de Gilles (*castrum Egidii*) comme lieu du dernier séjour des Romains sur la rive droite de l'Oise, n'en reçoit-elle pas également un appui positif?

Je termine en rappelant que D. Germain, le collaborateur de D. Mabillon, qui visita avec le plus grand soin les environs du *Bac à Bairy*, constate l'existence en ce lieu d'un ancien bourg.

Dans le chapitre que le savant bénédictin consacre au palais de Maumaques, situé entre ce lieu et Plessis-Brion, D. Germain s'exprime en ces termes : *At veram et indubitatam Mamacarum sedem in Noviomensis pagi figendam loco, qui in tabulis geographicis gallicè Maumaques aut Mommarques scribitur, propè Plessiacum-Brionis, ad lævam Isaræ ripam, in extrema Silvæ seu Lisicæ parte (Mamacarum dicta tempore Philippi Augusti) quà tenditur ad Berium-vicum, le Bac à Bery, quem ipse locum studiosissimè perspexi. (De re diplomaticâ,* c. LXXXV.)

Amiens. — Imp. Ve HERMENT, place Périgord, 3.

Mémoires de la Société des Antiquaires de Picardie, tome XVII.

Roye (*Rhodium*)

Cambronne.

NORD

Camp de Gilles
(Castrum Egidii)

Noyon

Mont de Noyon
(Noviodunum).

Marais et Rhu dit des Grandes.

Route de Compiègne à Noyon

la Poste.

Emplacement du Camp de Bar

Ch.in de Bettencourt.

Pont.

Chemin du Bac

Moulin du Bac.

Commune de Ribécourt.

Chemin Gaulois

Chemin à Cambronne

Bettencourt

Parc

Chemin Romain d'Augusta Suessionum à Samarobriva

Ch.in de la Verrue.

Chemin de Compiègne de Machemont

Commune de Machemont.

Canal de l'Oise

Ch.in du Bac

Bac à Bellerive

Bettencourt

Marais et Rhu de Terrouenne

Pont

Grand chemin Vert (Route Mérovingienne)

Chemin de Compiègne à Quierzy.

Commune de Montmacq

l'Oise

Rivière

Pont Romain près de la Malemer.

Champs du Calipet.

Chemin de Bettencourt au Moulin

Chemin de fer.

Marais

SUD.

A.

0,50.

0,43.

B.

Colonne 4.3.
Fût 3.583

Vallée de l'Oise.

Bailly

CAMP DE BAR

(Castrum Barrum).

Échelle de 1 à 10,000.

d'après le tableau d'assemblage du cadastre de Cambronne.

• S.t Léger.

Camp d'Ouët
(Castrum Augusti)
à Tracy le Mont.

Compiègne

Choisy-au-Bac

Distance de	*Bettencourt*		*à Noyon*	*9500 M*
d.°	*d.°*	*d.°*	*à Compiègne*	*8800 "*
d.°	*d.°*	*d.°*	*à Ribécourt*	*2000 "*
d.°	*d.°*	*d.°*	*à Tracy-le-Mont*	*8250 "*
d.°	*d.°*	*d.°*	*à Noviodunum*	*4500 "*
d.°	*d.°*	*d.°*	*à Roye*	*23500 "*
d.°	*d.°*	*d.°*	*au Camp de Gilles*	*1250 "*
d.°	*d.°*	*d.°*	*à Choisy-au-Bac*	*7100 "*

a Substructions en pierres. Colonne sculptée.
b Restes de Constructions.
c Boves
A Détail au 1/10.e du tronçon.
B Ensemble de la Colonne au 1/80.

Carte annexée au mémoire de M.r Peigné Delacourt. *Lith. Andrieux-Duru à Noyon.* *Ourscamp. 1859.* *J. Lecomte del.*

www.ingramcontent.com/pod-product-compliance
Ingram Content Group UK Ltd.
Pitfield, Milton Keynes, MK11 3LW, UK
UKHW012234240726
13966UKWH00003B/1100